地中海
バラムーン
ナウクラティス
ギーザ
シール
メンフィス
サッカーラ
ダハシュール
ハワーラ
コーム・マディーナト・グーラーブ
中エジプト
バニー・ハサン
エル＝アシュムネイン
デル・エル＝ベルシャ
デル・エル＝アマルナ
紅海
アビュドス
コプトス
テーベ
西岸
カルナク、
アルマント
テーベ（ルクソール）
エル・カブ
エドフ
上エジプト
エレファンティネ
アスワーン
ビーガ島
下ヌビア
トシュカ
ファラス
ナイル川
ソレブ
上ヌビア
カワ
ジャバル
・バルカル
0
150マイル
0
200キロ
王家の谷
テーベ西岸
西谷
東谷
アメンヘテプ3世墓
ツタンカーメン王墓
アイ王墓
三人の王女の墓
ハトシェプスト女王葬祭殿
デル・エル＝バハリ
デル・エル＝マディナ
王妃の谷
トトメス4世葬祭殿
アメンヘテプ3世葬祭殿址
メムノンの巨像
アメンヘテプ3世
王宮址
マルカタ
0
1マイル
0
2キロ

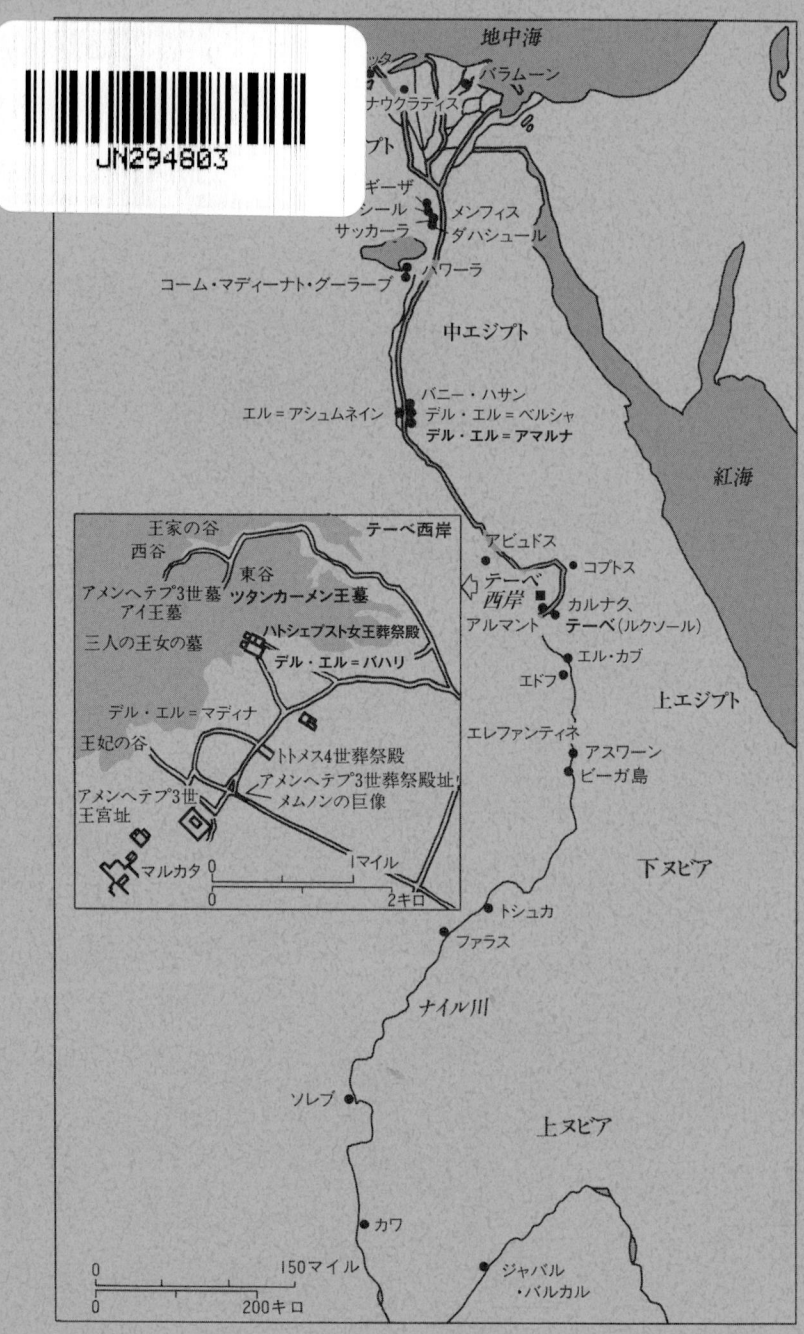

図説 ツタンカーメン発掘秘史

THE SECRETS OF TUTANKHAMEN

レナード・コットレル
前田耕作 監修 暮田 愛 訳

原書房

イシス女神とネフティス女神。
第３の厨子の内側奥のパネル。

ツタンカーメンの黄金のマスク。

図説ツタンカーメン発掘秘史◆目次

考古学者になりたいと願うすべての若者たちに

第1章　王たちの谷

ナイル河を遡ることおよそ六〇〇マイル（約九六五キロメートル）、上エジプトのルクソールという小さな町の近くに、人気《ひとけ》のない寂しい谷間が横たわっている。この谷をとりまく数々の岩山はそれほど高くはないが、その印象的な姿を紺碧の空にくっきりと浮かび上がらせ実際よりも大きく高く聳《そび》え立っているかのように見える。谷間には一筋の川すらなく、高い木々はもちろんのこと、灌木もなければ一輪の花さえも目にすることはない。その風光は、あたかも月面にできた窪み《クレーター》にも似て不毛の地のようである。しかし、この地がこれほどまでに美しいのは、主としてその色彩のもつ特性と、その岩山の上で戯れる光の綾によるものであろう。夏の真っ昼間には、高く聳え立つこの懸崖が放つすさまじい光に旅人はほとんどまともに目を開け

図1　黄金製の儀礼用杖の上に置かれたこの小像は、およそ12歳で即位したばかりのツタンカーメンを象ったものである。

ることができない。早朝、そしてまた夕暮には、この谷は、赤褐色から紫色へと色彩が微妙な違いを見せる岩の裂け目や窪地を除き、あらゆるものが燦然たる黄金《こがね》色に染まる。

そそり立つピラミッドのような形をした岩山の頂上の尖端が、いち早く曙の光に輝くころ、谷はまだ覚めやらず薄暗い。ここは古代のエジプト人にとっての女神・メレトセゲル、静寂を愛する神の生地であった。古代からの言い伝えに「西方の頂きの女神に気をつけるように…女

図2　クルン山の頂きが上方にみえる王の谷。

神は前ぶれもなしに瞬時に打ちのめすから」とある。しかしその谷に目を凝らせば、なにか異常なものが見えてくる。険しい崖にそって、あるいは下方に広がる岩石や砂の小丘に沿って、ときおりぽっかりと口を開けた窪みが見える。しかし、そのいくつかは小さな採光用の穴であったり、また他のいくつかは丘の側面に穿《うが》たれた通路につづく注目すべき重要な出入口であったりする。これらは今より三五〇〇年前から三〇〇〇年前にいたるおよそ五〇〇年の間、古代エジプトのファラオ、言い換えれば王たちが巨大な帝国を支配し、莫大な富を享受していた時代に造られた墳墓に通ずる入口なのである。ファラオたちは死去すると、これらの山の窪みに造られた壮大な墳墓に埋葬された。石窟墓の中には深さが一〇〇フィート［約三〇・五メートル］以上というものもあり、複数の長い回廊は岩をくり抜いて造られ、部屋から部屋へとつづき、ついには「黄金の広間」の入口に至るのである。そこには、偉大さを象徴する盛装に身を包まれたファラオの亡骸が、黄金の人型棺の中に封じこめられ、さらにはそれがもう一つのこれよりも大きく、とびっきり高価なものとはいわないが、貴石の象嵌《ぞうがん》が施された人型棺の中に入れ子にされて安置されている。

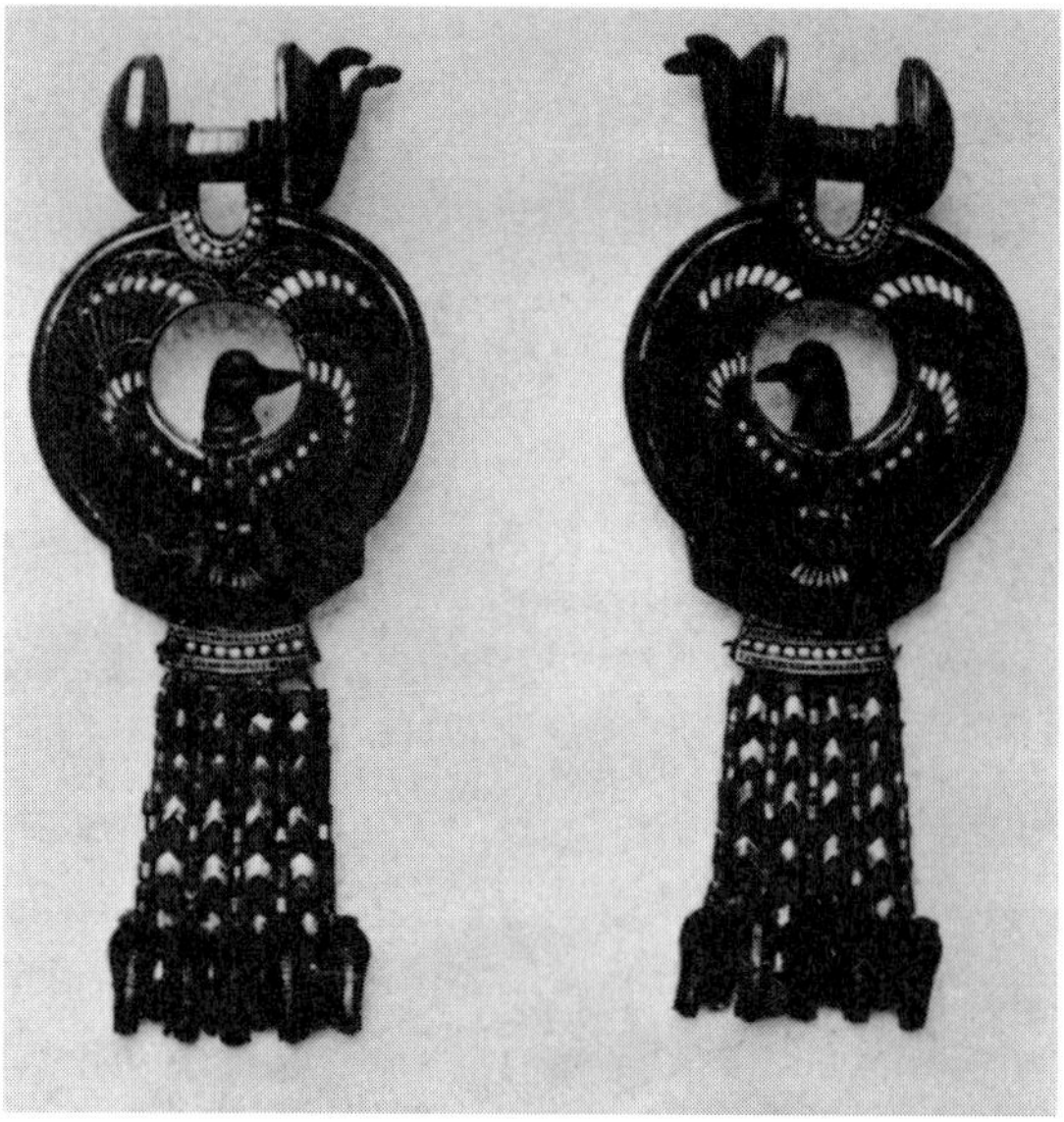

図３　一対の王の耳飾り。

　これらの人型棺の周りには一連の大きな箱を思わせるような木製の構築物が造られ分厚い金《きん》の板金で覆われていた。これに隣接する岩をくりぬいて造った部屋には、ファラオが死後の世界で必要とするであろうすべての品々が納められていた。豪華な家具、寝台、腰掛、机、衣装箱《チェスト》、狩猟用および戦闘用の王者の風格ある二輪戦車、武器類、衣類、そしてまた、しばらくの休暇で遠出するときのためのゲーム用具まで数々納められていた。その中の一つはチェスといってもよいようなものであった。また、当然のことながら、食物とワインはふんだんに納められていた。というのも、王たちや高貴な人々は、彼らのこの世での生活を楽しいものにした品々を来世も必要とするであろうと、古代のエジプト人たちは信じて疑わなかったからである。しかしそれだけではなかった。彼らはまた、ファラオたちのこの世での肉体が損壊や腐敗から守られない限り、死せる王たちの霊魂、すなわち彼らが「カア」と呼んでいたものが生き残って、墳墓の中での日々を楽しむことなどできないと信じていた。だからこそ彼らは王家の人々の遺骸をこれほどまでに深く精巧な墳墓の中に埋葬し、このように苦労し費用を注いで遺骸に防腐処理を施し、そのうえ盗掘者から守ったのである。

それでもまだ完璧ではなかった。

このようにありとあらゆる予防措置、すなわち、かくも深い竪坑、秘密の入口、パズルのようにわかりにくい通路、盗賊をだますように設計された小道、さらにまた、何トンもある重くてとり扱いが困難な石棺、王の谷そのものに漂う遠隔地ゆえの寂しさ、それにくわえ、これを監視する兵隊や用心深い神官たちを配置するという配慮がなされていたにもかかわらず、盗賊たちはそれでも墓の中に入りこんでいたのである。王国が強固でありこの谷の監視がゆきとどいていた間は、ファラオたちの遺骸はかなり安全に守られていた。しかし、統治者が弱体化すると腐敗した役人たちは悪知恵を働かせ、墓泥棒たちに機会を与えることとなった。どのようにしておこなわれたか、わたしたちには知る由もない。おそらく賄賂を監視に手渡し、夜になると通路を塞いでいる何トンもの荒石をとり除きながらトンネルを造り、ついには玄室に至って、そこに納められている豪華な品々を手に入れたのであろうと思われる。掠奪者たちのふてぶてしさはこの行為によく表われている。彼らは、たんに捕えられる危険にくわえ、神の地下埋葬所を冒涜するという禁忌を冒していたのだ。ファラオとは神のような存在であったからである。しかも彼らは一度ならず繰り返し略奪をおこなったのである。幸いなことに紀元前一〇〇〇年の日付がある実際の記録が残っていることからこのことがわかる。これは、墓泥棒に雇われた奴隷たちが裁判に連れてこられたときに白状した証言を書き記したものである。次に示すのは盗賊の一人、アメンパネフェルの供述である。

「わしたちは、いつもの癖で墓泥棒に出かけた。そうしたらラーの息子セベクエムサフ王、セクエムラー・シュドタウイのピラミッドが見つかった。しかしこれはいつも盗掘にいった王族の墓やピラミッドのようなものとはまったく違っていた…積んであった荒石を割って中に入ると…この神様が埋葬所の奥の方に横たわっているのを見つけた。そしてまた、この

図4　華麗な装飾を施した儀礼用棒。

神様のすぐ側にある、お妃、ネブカエスの埋葬所を見つけた…わしたちはさっそくこの二つの石棺を開け、つづいてその石棺の中に入っていたもう一つの人型棺を開けた。そこには鎌形刀を身に付けたこの王の見事なミイラが横たわっていた…見事なこの王のミイラは、全身が金の衣装に包まれ、そしてその棺ときたら外面も内面も金と銀で装飾が施されていた…そこでわしたちは、この神のミイラの上で見つけた金をかき集めた…さらにまたそれからお妃の上で見つけたすべての金も集め、その後二つの人型棺に火をつけたのだ。それからその部屋に納められていた家具、金製品、銀製品、ブロンズ製品、ありとあらゆるものをもち出し仲間うちで分け合った」

セベクエムサフのものといわれるこの墓は、どちらかといえばあまりたいした王のものではないわけであるから、セティ一世［エジプト第十九王朝の王。在位、前一二九四〜一二七九、ラメセス二世の父、エジプトの領土を回復し、カルナクに多柱式大殿堂を建て、テーベに自らの壮大な墓を造るなど、エジプトの国威を高めた］やラメセス二世などのように強大な権力を振るった支配者たちならいかなる身ごしらえをしていたか想像できようというものである。

このような盗賊たちがあまりにも頻繁に現れるため、王の谷の見張りについていた神官たちは、ファラオたちの遺骸の埋葬されている墳墓を守ることにいやけがさしたときもあった。ある晩のこと——発覚しないようにするためには夜でなければならなかった——神官たちは三十数体の王族のミイラを集め、墳墓から密かにもち出し、一つずつそれらを急な山の小道を使って運び上げ、ナイル河に面するテーベの断崖の東側にある岩をくりぬいて造られた深い竪坑の中に下ろした。

この深い竪坑の底には、これもまた岩を穿って造られた横坑がかなりの距離にわたって続き、やがてそれは一つの部屋に至るのである。この部屋の中には、王族の数多くの遺骸が、中には数回も包み直されたものもいくつかあるが、きちんと順序正しく並べられていた。そのうち、ほとんどのミイラには、王、女王、あるいは王子の名前が書かれた札《ふだ》が、またときには、何回移動させられた遺骸かということが記された札が神官たちの手によって貼り付けられていた。このように神官による事務的作業は整然としていて秩序だったものであった。何度も何度も繰り返し盗掘された数々の王墓や、また棺からぶっきらぼうに放り出された遺骸があたりに転がっているさまや、衣装を剥ぎとられたミイラ、そしてまた盗み出された家具を目《ま》のあたりにして、彼らはひどくいらいらしたにちがいない。神官たちは散乱した物の片づけはあきらめ、そのかわりに彼らは一つひとつの遺骸にそれぞれの経歴を手際よく記した札を慎重に付けていったのである。

このような作業についての文字による記録が残っているわけではないが、一八八一年エミール・ブルグシュという名の一人の考古学者がデル・エル＝バハリにある秘密の埋葬所へ、アラブ人の墓泥棒たちに案内されてやって来た。墓泥棒たちはこの埋葬所を発見し、すでに部分的に盗掘していた。事実彼らはすでに、すべての遺骸を盗み出していたと思われるが、しかし実際は、このことをエジプト・古代遺物局の目につかないように隠しおおせないと思ったにちがいない。こうして神官たちの三〇〇〇年にもおよぶ「奥の手」がついに明かされたというわけである。彼らの計略は驚くばかりの成功をおさめ、ファラオたちも三〇世紀［三〇〇〇年］にもわたって眠りつづけることができたのであった。

図5　断崖の右側にある裂け目の下方に竪坑があるが、そこに30体以上の王の遺骸が3000年以上も発見されずに横たわっていた。

この隠し場所で発見された王族の遺骸の中には、古代エジプトのもっとも偉大なファラオたち、すなわちセティ一世、ラメセス二世、アメンヘテプ一世、トトメス一、二、三世のものが含まれていた。ブルグシュがそのとき書いているように「人型棺の総数は三十六であり、これらすべての棺は、王たち、あるいは女王たち、あるいは王女たちのもの」であった。ところが一つだけ、埋葬されたときの墳墓でそのまま発見されたものがあった。それはアメンヘテプ二

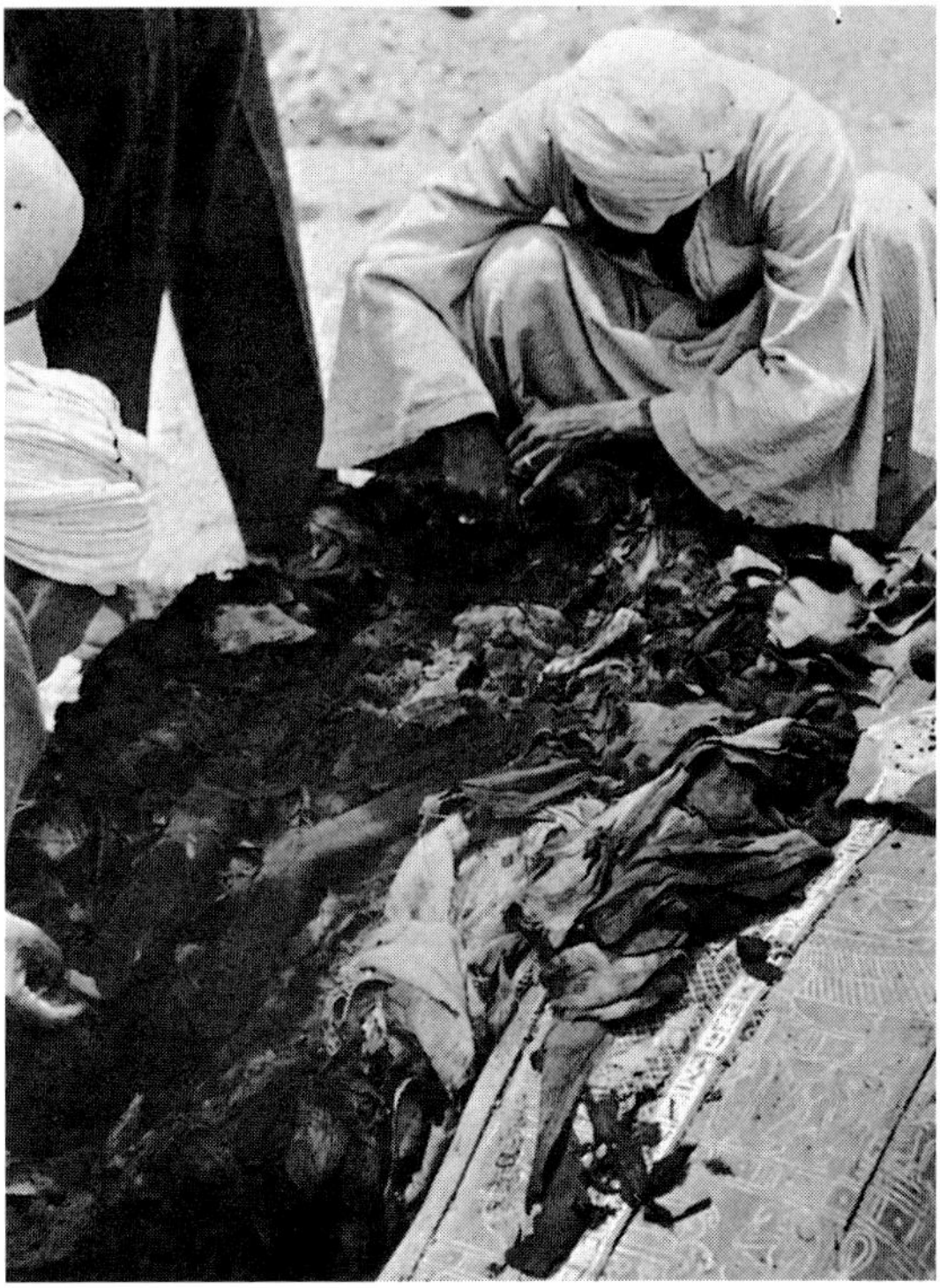
図6　ミイラを包みこんでいた布を取り去る最終段階。

世のものである。何年か後に、ヴィクトル・ロレという名のフランス人考古学者がこの王家の谷において、この偉大な君主の墳墓を発見したのである。この墳墓が古代にすでに盗掘されていたことはいうまでもない。その中には小さな家具が一つ残っていたが、神官たちはこの墓を王家の遺骸の第二の埋葬所「ミイラの隠し場所」として利用していた。そしてこの墓にあの武人の王アメンヘテプ二世が自分のために造らせたまさにその石棺の中に横たわっていたのである。彼の横には、「彼のみが引きしぼることができる弓であると自慢していた」と銘記されているあの立派な弓が置かれていたが、あたかもそれは休息を楽しんでいるかのようであった。ここには、幾人かの学者たちによって、紅海で溺死した『出エジプト記』に登場するファラオであろうと考えられているメルエンプタハ王を含む、さらに十二体の遺骸も安置されていた。さらには、トトメス四世およびその息子アメンヘテプ三世、すなわちかの有名な異端の王・アクエンアテンの父もここに安置されていたのである。

最初、アメンヘテプ二世は、彼がもともと埋葬されていた墳墓の中にそのまま、あの立派な彼の弓と美しい葬礼用の船と一緒に安置しておくことになった。しかし、その状態は長くはもたなかった。現代に至っても古代エジプトの墓泥棒の末裔たちがその墳墓をそのまま打ち捨てておくはずがない。当時ルクソールにいた主任監査官、すなわち古代遺物の監視と保護に責任をもっていたのは、ハワード・カーターという名の若いイギリス人であった。彼が、新たに盗掘されたばかりのアメンヘテプ二世の墳墓に入ったとき、王の遺骸は着衣を剥ぎとられ床に放り出されていたが、残っていたはずの葬礼用具はすでに盗まれていることが判明した。監視員たちは、泥棒たちが武装していて到底手におえるようなものたちではなかったとカーターに告げた。

そのときのことをカーターは次のように述べている。「遺骸を包んでいた布は、八つ裂きにされていたが、遺骸に損傷はなかった。しかし、なにか目当ての品が発見されそうな部分にはどこもかしこも彼らが触れた痕跡があった。これこそまぎれもなく熟練した者の仕業以外のなにものでもないという証拠である。前室［控えの間］に置いてあったあの船はすでに盗まれていたが、その上に乗せてあったミイラは床に放り出され打ち砕かれて、いくつかの断片と化していた。わたしは、彼らの持ち去った貴金属製の装身具類を知る手がかりがどこかにないものかと、この王族のミイラを包んでいた布を念入りに調査したが、何の形跡もなかった」と。

事実、三〇〇〇年ほど以前すでにこの墳墓を盗掘していた古代エジプトの墓泥棒たちは、彼らの後継者である現在の墓泥棒たちが見つけられるようなものは何も残さなかったということである。

前世紀［一九世紀］が終わりに近づくにつれ、次々となされたこのような数々の発見は、この谷を掘れとばかりに他の探検家たちを鼓舞するものであった。明らかに、立派な墳墓という墳墓はほとんどすでに盗掘されてしまっていた。事実、それら墳墓のうちの二十以上は、今よりおよそ二五〇〇年前から二〇〇〇年前にいたる五〇〇年ほどの間、遥か古代ギリシアとローマにまでも遡る時代に旅した人びとの気を引き寄せる呼びものとすでになっていたのだ。古代ギリシアやローマの旅行者たちは自分たちの名前の頭文字を墓の壁に刻みつけていた。そこではまた、空《から》になった墳墓の天井に彼らが使った松明の煙で黒くなった跡があるのも見てとれるし、また神官たちによって保存されてきたファラオたちの王名表さえもいまなお残存している。この表の中にはいまだ確認されていない王の名前も一、二ある。泥棒たちにもたまにはあまり

図7　女王ティイ、アクエンアテンの母

気が乗らないといったような時もあったりして、おそらくこれらの王墓はこのようなよいめぐり合わせに恵まれ、見落とされてしまったのであろう。

そんなわけで、プロの、あるいはアマチュアの考古学者たちがこの谷へやって来て、何百トンにもおよぶ岩石や砂を掘り出し、この不毛の断崖を端から端まで掘りつくしたが、結果は実にお粗末なものであった。その中でもロレはいちばん恵まれた発掘者であったといえる。彼の後にアメリカ人のセオドア・デイヴィスがやって来た。彼は一九〇三年、テーベの王族たち、すなわち王子イウヤとその妻チュウヤの二つの墳墓に遭遇したのだ。そこでの掘り出し物は二輪戦車の雛型と葬礼用の副葬品であったが、それらは発見当日までもっとも保存状態の良いまま残った代表的な遺物であった。その四年後デイヴィスは、エアトンという名の一人の考古学者の助力をえて、岩に掘りこまれたもう一つの小さな墳墓を発見した。その中には、ひどく損傷を受けた、金箔で覆われている木製の大きな厨子《ずし》と、若者の遺骸が納められている、損傷甚だしい人型棺が置かれていた。この棺は第一八王朝（前一五五五―一三五〇）の末期頃のものと年代推定された。また、金箔がほどこされた厨子には、王妃ティイ、すなわち、アメンヘテプ三世の妻でありアクエンアテンの母である王妃の名が刻みこまれていた。しかし、この棺が誰のものなのか、そしてまたその中に横たわる若者の名前すらいまだ確定されていない。

というわけで、数々なされてきた一連の顕著な発見も終わりを告げるかのように思われた。デイヴィスは来る年も来る年も掘りつづけたが何の成果もえられなかった。一九一四年、第一次世界大戦勃発の年、彼はエジプト政府によって正式に認められていた特権を放棄し、率直に自らの意見を述べたのである。もうこれ以上王族の墳墓が発見されることはないであろう。王家の谷はすべてのものを出しつくしてしまったと。

第2章　発見者たち

若者であったハワード・カーターが初めてエジプトにやって来たのは十八歳のときであった。普通ならば彼には、英国からエジプトにやって来られるような余裕などあるはずがなかった。というのも彼の父親は動物の絵を描いて生計をたてている苦闘する画家であったからである。このような職業は奇妙に思われるが、当時――今から七〇年［現在からは一一七年］ほど前には、乗馬や狩りが好きな紳士たちはいつも彼らの自慢の馬を描かせるために絵描きを雇って同行させるのがつねであったからである。若きハワードは彼の父親の才能を継いでいたように思われる、学校を卒業した後彼は、エジプト学者たちがもち帰った写真や銘文を模写するパートタイムの仕事を手に入れた。これらの学者たちの中の一人、故パーシー・ニューベリー教授は、彼

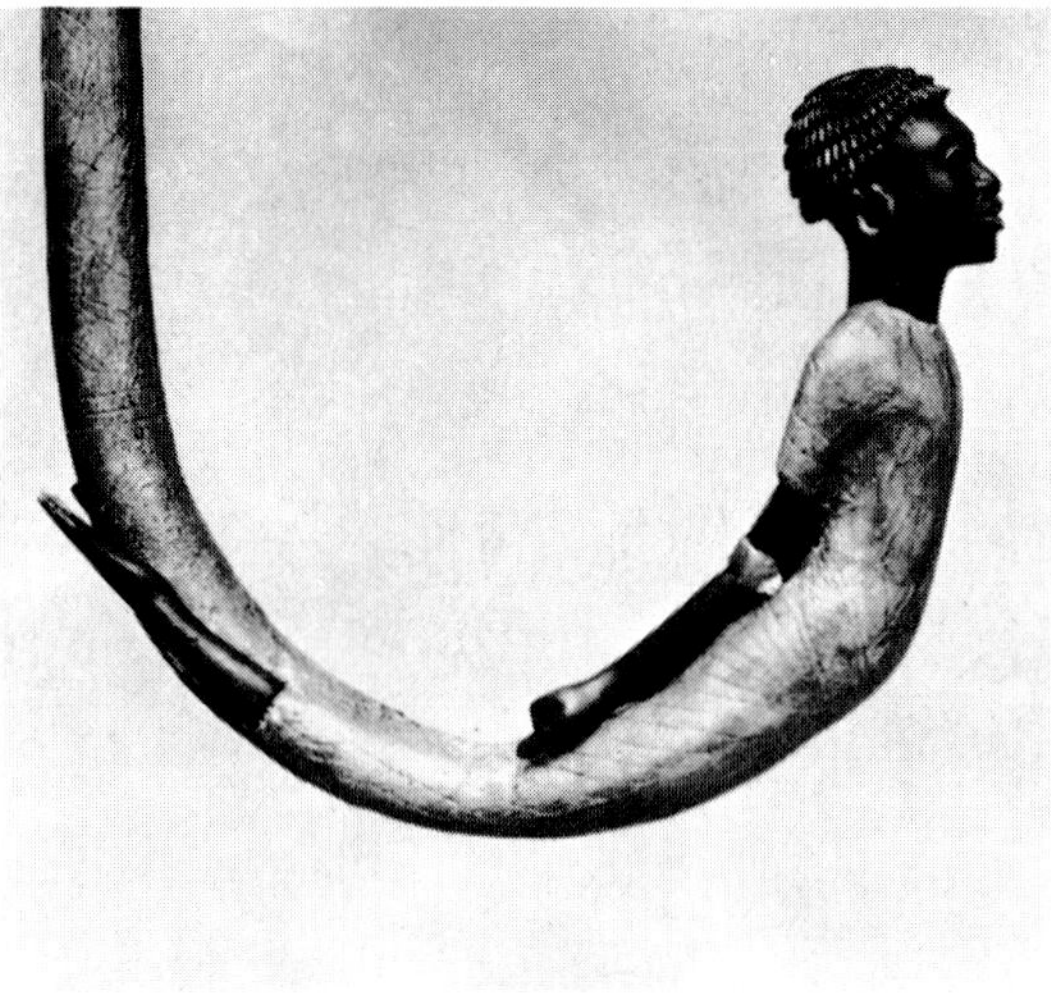

図８　金箔が施された儀礼用杖の握りの部分は黒檀を用い、アフリカの捕虜の頭・腕・足が精巧に彫り出されている。

のもつ天賦の才能にひどく感心し、彼のエジプト行きの費用を払う取り決めをした。このことがあって彼はバニー・ハサンにある数々の墳墓の中に描かれている壁絵のいくつかを模写することができたのである。

頭脳明晰なロンドン・ボーイであったハワードは、彼より以前の人も以後の人も多くの人びとがそうであったように、エジプトと恋に落ちたのであった。彼は言語に対する優れた耳の持ち主であった。その耳で彼はすぐに必要とされるアラビア語を十二分に習得し、血湧き肉おどるエジプト学の世界に一気にのめりこんでいったのである。

彼は学者たちとともに仕事をすることができる有利な強みのほかに、深く広く読む力もあった。その力に大いによるところがあったのだろう、彼は当時、エジプト政府の古代遺物局でそれほど重要でないポストではあるが、職につくことができた。そのポストは、古代遺物の保護にあったが、ときには発掘の管理運営もおこなうものであった。

しかし、ハワード・カーターはさらにもう一つ有利な条件をもっていた。それは彼の技量で、発掘においてもまた非常に壊れやすい古代遺物を保存するうえでも大きな力を発揮した。そのうえ彼は、以前派遣されていた上エジプトの職人たちをよく知っていた。古代墳墓が散在している遺跡内に何世代にもわたって住んでいたこれらの職人たちの多くは、墓の略奪と不法な発掘においては誰にも負けない腕の持ち主たちであった。彼らと古代遺物局との間で戦わされる、いつも変わらぬ頓知比べのような言い争いの中に入りこみ、カーターはピリッとした快い風味を添えていた。彼の仕事は単に考古学者に留まらず、あるときは警官、またあるときは捜査官の役目を果たすことでもあった。たとえば、アメンヘテプ二世の墳墓が荒らされたとき、監視人たちは、武装した乱入者たちに負けたと申し立てた。しかしカーターは怪しいと思った。南京錠を調べてみるとそれは銀紙で固定されていることがわかった。いかにも以前から施錠されていたかのように見えるが、実は、施錠されていなかったのである。そのあと彼は、墳墓のほこりっぽい床に残されたサンダルの足跡によって盗賊の侵入した道をたどってみた。その結果この男は、デル・エル＝バハリにあるファラオのかの有名な副葬品を発見したアブ・デル・ラスール一家と同じ系統に属していることがわかった。

また、ある男たちがテーベの断崖の上方にある、女王ハトシュプストの墳墓を襲うという計画があることを風の便りに聞き知ったカーターは、ある夜、付きそいのガードマンを伴い、彼

第2章　発見者たち

図9　デル・エル＝バハリにあるハトシェプスト女王の葬祭神殿。

らを待ち伏せし、きびきびと銃で対戦し盗賊たちを追い払うことに成功したこともあった。カーターは手際よく職務を遂行していた。彼は、信頼にたる監視員たちを組織し、いわゆるガーフィア［エジプトの現地の警備員］と呼ばれる制度を設けた。彼はまた、鉄製の垣根を作り重要な墳墓の保護に務め、このほかにもさまざまな予防措置を施したため、少なくとも古代遺物の不法な盗掘も、岩窟墓の外観を損なうことも最小限度まで減らすことに成功した。ここに至るまで（今世紀初頭［二〇世紀初頭］）には、古代エジプトに対する関心の高まりから、美術品のディーラーたちが、墓の壁から乱暴に切り取られた彫像の一つにさえ高額を用意するほどまでになっていた。エル＝グルナ（古代墓地の中に建設されたアラブの村）の愛想の良い命知らずの無法者たちは、いつでもこの要求額に応じられるようつねに準備していたという。

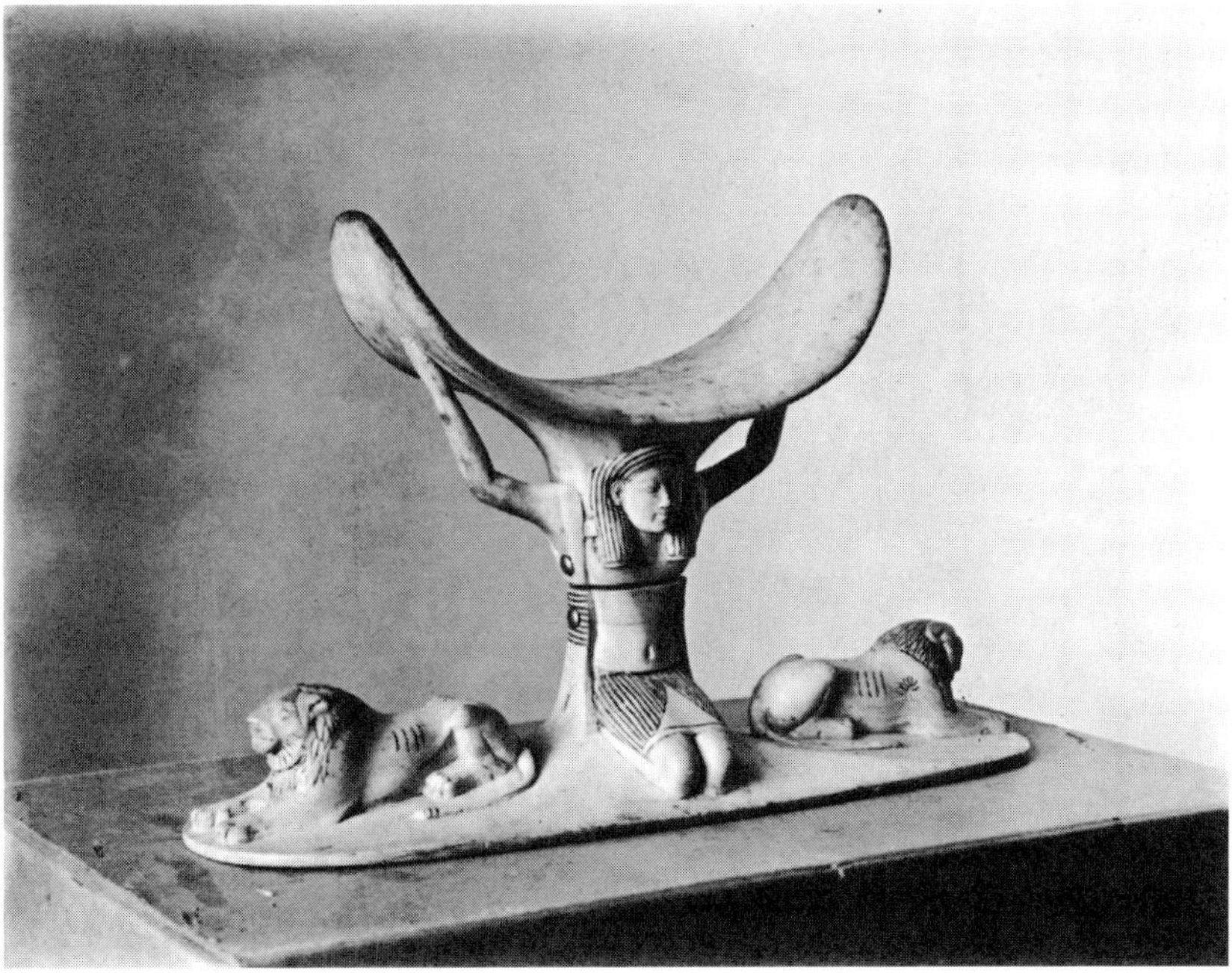

図10　象牙製のシュー神の枕

彼らは、自分たちのあばら屋の床に穴を掘り、多くの墓に通ずる通路までも造っていたほどである！

ついに、カーターはテーベのネクロポリスの主任監査官（チーフ・インスペクター、今でもそのポジションの占有者によって保持されている、輝かしい響きをもつ肩書き）に指名された。この職は、エジプトにおけるもっとも豊かで、もっとも重要な考古学的遺跡を監視し保護する責任を有するものなのである。そしてこれらの遺跡とは単に王の谷のみならず、ファラオに仕えた貴族や高級武官たちのために、ナイル河に面する断崖絶壁の中に造られた数限りない墳墓をも含むものであった。

また主任監査官は、重要な発掘の推進にも携わった。裕福な愛好家たちがルクソールで越冬を楽しもうと、ときどき海外からやって来た。そして彼らは次第にエジプト学に魅せられ発掘に融資をしようと思いたつ。その中の一人にセオドア・デイヴィスがいた。彼は一九〇三年、イウヤとチュウヤの墳墓の発掘に従事したが、十二年間におよぶ発掘の後、先にも触れたように、王家の谷は徹底的に捜査しおわったと判断し、エジプト政府によって彼に保障された特権を手

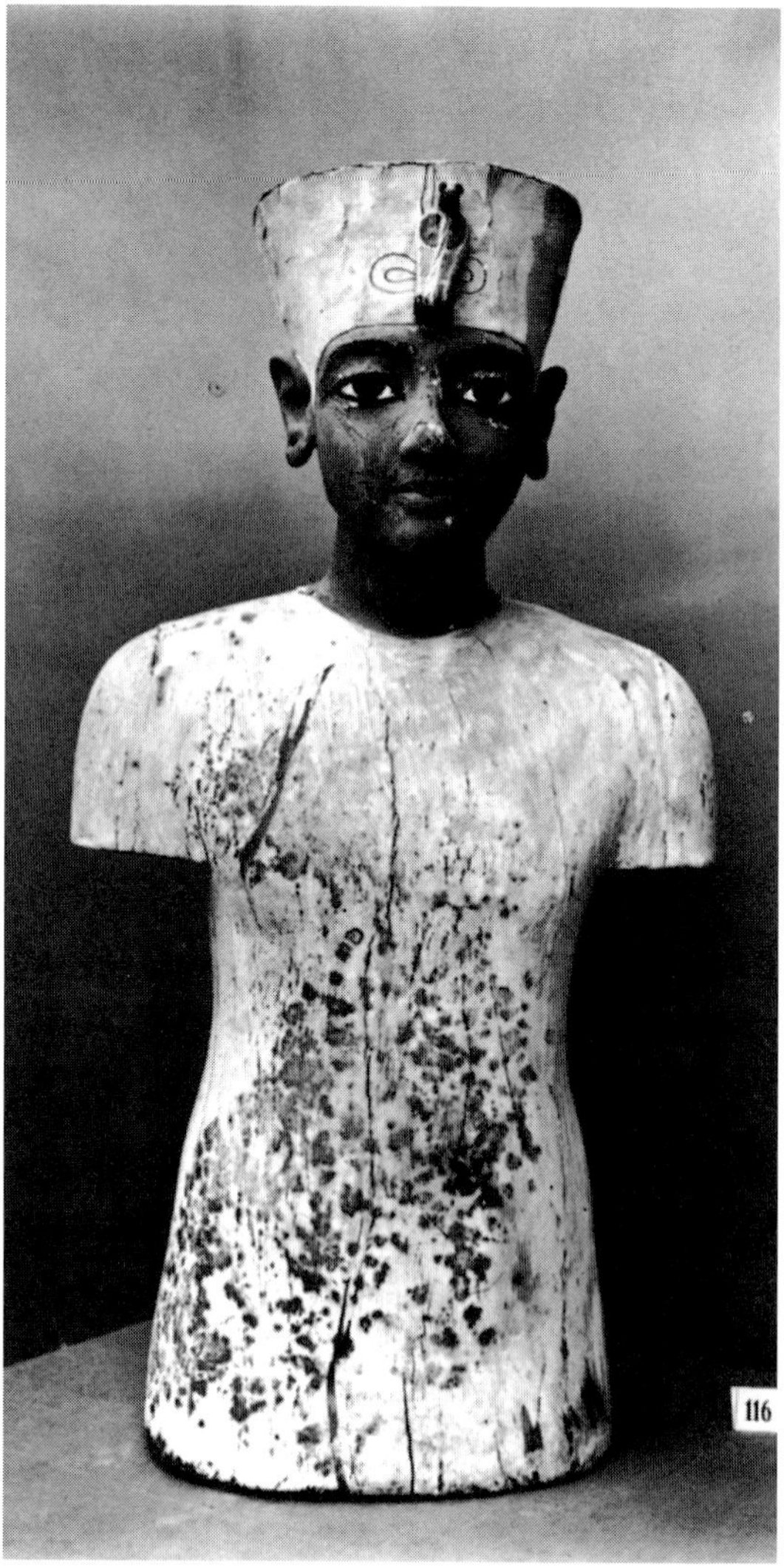

図11　木造彩色塗金のツタンカーメンの半身像。おそらく王の装飾品用のマネキンとして用いられたものであろう。

放した。そしてこの特権は、もう一人の新しい愛好家《アマチュアー》の考古学者・ジョージ・ハーバート（カーナヴォン卿）の手に渡ったのだ。当時はエジプト当局により、考古的実地作業は専門家によって監督されなければならないことになっていた。そこでハワード・カーターがカーナヴォン卿付きの監督として指名されたというわけである。

カーターとカーナヴォン卿との間には想像を超えるほど大きなひらきがあった。一人はほとんど独学の考古学者であり、もう一人はエジプト学が趣味という英国人貴族である。給料を除けばカーターは無一文であるのに対し、一方カーナヴォン卿は生まれが貴族であるばかりか、たいへんな資産家でもあった。その時代でも、発掘というものはひどく費用がかかる仕事であったし、長い年月をかけての計画的な運営が必要だった。そのうえ、多数の労働者たちに支払う賃金のほかに、重要な発見がなされたときに招く専門家たちへの俸給もたびたび必要となる。この王家の谷の発掘にはカーナヴォン卿がその費用を負担することとなった。当然のことながら彼は次第に発掘に深い関心を抱くようになっていった。しかしどこを掘るのかを選択し、その作業を監督するのは長い経験をもつカーターであった。通常夏期は気温があまりにも高くなるため、発掘は秋から春初旬までの限定された期間おこなわれることになっていた。

第一次世界大戦の勃発により、一九一七年まではあまり多くの発掘はおこなわれなかったが、その後の五年間、カーターとカーナヴォン卿は、以前の調査隊が残していった何百トンにもおよぶ砂や瓦礫を取り除き、またすでに何者かが、あてずっぽうに掘り、その砂や岩の切れ端が崩れ落ちたために墓への入口を見逃がしてしまっていた数々の遺跡を再度辛抱強く掘りつつ先へ先へと探査しつづけた。それは空しい望みのように見えた。がしかし彼らは、たとえ古代遺物局の局長ガストン・マスペロ卿ですら「王家の谷にはもはや何もない」といったデイヴィスに同意したとはいえ、来る年も来る年も探査しつづけたのである。

図12　カーターと作業員が最初に目にした墓の入り口。

ついにカーナヴォン卿は、一九二一年度の発掘期間が終わったら、諦《あきら》めようと決心した。彼ら二人が英国に帰った一九二二年の夏、カーナヴォン卿は彼の故郷の家、ハイクレア城館《やかた》にカーターを招き、発掘の費用および彼らの共同作業の空しい結果を勘案の末これ以上発掘を続けないことを決意したと彼に告げた。カーターはことの次第を理解し後援者の失望をともに分かち合った。しかし彼は発掘をもう一シーズンだけなんとか続けてほしいと熱く説いた。それには二つの理由があると彼はいった。第一は前年度、一九二一年彼は、小さく浅い窪みに偶然遭遇したがそこには二、三の織物の切端および、そのときにはまだ墳墓が発見されていなかったファラオ、ツタンカーメンという名前の印章がある水差しがいくつかあったこと、第二は、ツタンカーメンは重要な王ではなく、治世もほんの数年にすぎなかったが、それでも彼はファラオであったし、古代の神官たちによって守られてきた「王名表」には彼の名前が載っていること、それに、葬礼と関係があったのではないかと思われるこれら織物の切れ端や印章のある水差しなどの存在が、この近くでツタンカーメンの墳墓が発見できるのではないかという思いを自分に強く抱かせていると説いたのである。カーナヴォン卿はそれでも懐疑的であった。

その後カーターは、何シーズンにもわたって使い古してきた王家の谷の地図を呈示した。王家の谷を一歩一歩つなぎながらカーターたちが系統だって綿密に仕事をこなし、邪魔物を取り除いたにもかかわらず何ものも発見できなかった地域はそれぞれにこの地図上から消し去られていた。しかしそれでもなお地図上に消されることなく残っていた小さな三角形の区域をカーターは指し示した。そこは頻繁に旅行者たちが訪ねていた、かのよく知られているラメセス六世の、今では何も中に残っていない墳墓のすぐ前にある、岩や砂で覆われた一角であった。ここは以前、二度にわたってカーターがこの一角を発掘しようと申し出たが実行には至らなかった場所である。最初のケースは、セオドア・デイヴィスのために働いていたときであるが、セオドアはもっと見込みのある地点を選びたいと提案した。二回目は、旅行者たちによる障害がなくなるときまでその仕事をとっておきたいと彼が決めたときである。カーターは、あの二度にもわたって見逃してきた一角が、何ものも秘めてはいないということを自分自身で見とどけることができさえすれば、もうこれ以上作業をつづけることは無駄と納得すると明言した。果たしてカーナヴォンはもう一シーズン分の資金供給を喜んで引き受けるのであろうか。

カーターの真剣な態度に安堵しこの後援者は彼の意見に同意を示し、二人は別れた。カーターはエジプトに帰り、カーナヴォンはこの仲間と合流する準備ができるまで英国に留まることとなった。

一九二二年十月二十八日、カーターはルクソールにあるあの小さな町に帰ってきた。彼はカーナヴォン卿のために作業することができるのもこれが最後となるだろうと考えながら、この発掘のシーズン中、ともに働いてくれる人夫たちを再度登録した。十一月一日、彼はあの謎に包まれた谷に戻ってきた。そこには、先回の発掘によって残された瓦礫の大きな山が横たわっていた。そしてまたその断崖には、略奪された三〇人ものファラオたちの岩窟墓、黒い口にも似たその入口がまるで考古学者たちの努力を嘲けり笑っているかのように大きな口を開けていた。カーターと人夫たちは、ラメセス六世の墳墓の前の地面を順序正しく清掃しはじめていた。その四日後何が起きたのか、カーター自身の言葉で語られた記述が圧巻である。

「わたしの人夫たちは土を取り除き、三日目の夕方には古代に建てられた人夫用の小屋の一列に並んでいる土台石がむき出しになった、しかしその下はそれまで一度も念入りに調査されたことはなかった。…翌朝、普段とは違った静けさに…、人夫たちが仕事の手を休めているせいか…そのときわたしははっと息を飲んだ、その瞬間、ふだんにはない何かが起きたのではないかということに思いあたった…やっと到達したのか?!…

人夫たちが岩に掘りこまれた階段らしきものの一段を発見したのである、あの最初に勢いこんで取りかかった小屋のすぐ下で。それではあまりにも旨《うま》すぎてとても信じることなどできない、しかしその後すぐ、さらに少しばかり土を除けると、わたしたちはまぎれもなくラメセス

図13　王家の谷にあるツタンカーメンの墓への保護された入り口。

六世の墳墓に通ずる入口の十三フィート［約四メートル］ほど下にある岩に掘りこまれた急勾配の入口にいるのだという事実が明かされたのである」

この階段は岩の中へと降りていく十六段ある階段の最初の一段であった。階段のいちばん下のところには壁土で封印されている入り口があった。この入り口の封印壁には、これとよく似た数多くの入口にあるような略奪者たちによって開けられた穴はなかった。そのうえひどくわたしを感動させたのは、詰められた石の部分を覆い隠すため塗られた漆喰に押印されていたのが、三〇〇〇年あまりも前にその地に置かれたネクロポリス［古代都市の埋葬地］を守る神官たちの印章であったということである。その印章たるやあのなじみ深い王家のネクロポリスを表す印し、すなわち「ジャッカルと九人の捕虜」［ジャッカルは、葬神ネイトの動物象徴］であったが、カーターはその墳墓の主を示す印章を見つけられないでいた。それにもかかわらず、二つのことは明らかな事実であった。すなわち、その墓は誰か重要な人のものにちがいないということ、および、封印は王家のものであると同時に、どんなに遅くとも第二十王朝時代（前一一八六～前一〇六九）以降この入り口は開けられることはなかったと思われることである。なぜならば、この入口を上から覆い隠してしまっていた人夫小屋はその当時のものであったからである。

カーターは次のように書いている。「それは胸熱くなるスリリングな瞬間であった。土地の人夫たちのことはさておき、一人わたしは、どちらかといえば稔《みの》りの少ない労働がつづいた一〇年の後、やっと今、輝ける大発見になるか否かが証明される瀬戸際に自分自身立っていることを悟ったからある。何かが、事実文字どおり何かがあの入口の向こうにあるかもしれないのだ。わたしには、その入り口をこじ開け、すぐにもそこを調査したいというはやる心を抑え、ぐっと自制することが必要であった」と。

さてカーターは、その入口に通ずる階段を埋め戻し、その上に頑丈な防御の小山を築いた後、ナイル河を横切って通信室に戻っていった。その日遅くに電話が鳴ったとき、著名な考古学者であり言語学者でもあるアラン・ガーディナー卿は、ちょうどイギリスの彼の家で夕食のテーブルについているところであった。電話の向こうでカーナヴォン卿は、「よくお聴きください。わたしはたった今カーターから電信を受けとったところです。それには〈貴下はついに王家の谷で素晴らしい発見をなさいました。無傷の封印がある格調高い堂々とした墳墓です。貴下のご到着までそれは発見当時そのままに埋め戻しておきました。おめでとうございます。カーター〉と書かれています」、と告げた。

カーナヴォン卿は、娘エヴリン・ハーバート夫人に伴われてできるだけ早くエジプトに発つこととし、十一月二十三日にはルクソールでカーターと合流した。カーナヴォンは出発前にアラン・ガーディナー卿に一緒に来てほしいと要請していた。もしこの墳墓が行方不明になっていたファラオ、ツタンカーメンのそれであったら、アラン卿の関心を引くような銘文があることはほとんど間違いないと思ったからである。しかしアラン卿はクリスマスを子どもたちと家で過ごしたいと思い翌年の初頭まで出かけずにいた。

十一月二十四日の午後、階段はふたたび土がすっかり取り除かれ清掃された。そのときカーターは何か、それまで見えなかったものを見つけた。あの「ジャッカルと九人の捕虜」で表されるなじみ深いネクロポリスの印章のほかに、まぎれもないツタンカーメンの名前を記した印章を見つけたのである。それは発掘者たちの希望をいやがうえにも高ぶらせるものであったが、しかしさらにもう一つの発見があり、そこに居合わせた人びとを不安にかりたてることにもなったのである。それは、この入り口を慎重に考察した結果、そこは古代に二回何者かによって開けられ、再度封印され、このネクロポリスの印章はその時点で閉ざされた箇所に押されたことが明らかになったことである。したがってこの墳墓はおそらくカーターが前から望んでいたような手つかずのものではなかったのであろう。再度封印されたということは、遥か遠い時代に盗人たちがこの中に入ったことがあり、その後神官たちがこの入り口を閉ざしたという明らかな証拠でもあるからだ。

十一月二十六日、決定的な瞬間がついにやってきた。

図14　前室の内部。

カーターは次のように書いている。「震える手でわたしは、きわめて小さな穴を下降通路のつきあたりにあった封印壁の左手上方の角に開けた。テスト用の細い鉄の棒が届く限りの範囲はまったくの闇、そして、がらんとした空間…おそらく内部の空気は濁ってガスの可能性もあろうと、わたしはその予防措置として蝋燭で検査してみた。その後少しずつ穴を大きくし、わたしは蝋燭を挿入して中を熟視した。わたしのかたわらでは、カーナヴォン卿、エヴリン・ハーバート夫人、そしてキャレンダー（Ａ・Ｒ・キャレンダー氏、カーターの協力者の一人）がわたしの判断を聞きたくてじっと立っていた。最初わたしには何も見えなかった。墓室から流れ出てくる暑い空気が蝋燭の炎をゆらゆらさせる。しかしわたしの目が、だんだんとこの光に慣れてくるにつれて、この部屋の中にある細かいものの一つひとつが霞《かすみ》の中から浮かび上がってきた。見たこともないような動物たち、数々の彫像たち、そして黄金が…そこかしこにきらきらと光り輝く黄金が。しばらくの間、いやわたしのかたわらに立ちつづけていた人びとには、それはまさしく永遠といえるほど、限りなく長い時間と思われたにちがいないが、わたしはあまりにも大きな衝撃で口がきけなくなってしまっていた。しばらくするとカーナヴォン卿が待ちきれず〈何か見えますか?〉と応えを切望するかのように訊ねた…〈はい〉とわたしは応えた。〈…見事な品々が…〉」

第3章　ファラオの宝物

世界を稲妻のごとく一瞬にして駆けめぐったこの発見のニュースは、それまでのいかなる考古学的発見もなしえなかったほどの大きな衝撃《インパクト》をもたらした。世界の報道機関は大急ぎでルクソールにレポーターを送り、ホテルというホテルは人でごった返していた。五年間ひっそりと仕事をしてきたカーナヴォンとカーターは、突然自分たちが世界中に知れわたった人物になっていたことを思い知らされた。それと同時にカーターは、またこれほどまでに大勢の訪問客の出現に当惑していた。それというのも彼は、今だかつて考古学者に任されたことがないもっとも難しく、細かい心遣いを必要とする責任ある仕事をなし遂げようとするところであったからである。ものに動じない人間とはいえ、その時期は最良のタイミングとはいえなかったし、そ

図15　上エジプトの王冠を被り、若い戦士ホルスの姿をした王を表す木製金箔像。

のうえ、さらに極度の緊張が彼の神経を我慢の域を超えるほどすり減らしていた。その結果、カーターと彼の友人であり後援者《パトロン》であるカーナヴォン卿との間にさえも、墳墓の中にある財宝をどのようにすべきかについて、いさかいが生じていた。カーターは、財宝は当然エジプト政府の古代遺物局に引き渡されるべきであると考えていた。一方、この発見に必要な費用を負担したカーナヴォン卿は、少なくともこれらの財宝のいくつかは、彼自身保有する権利があると信じていた。

　このような言い争いに深入りすることは本書の本来の目的ではない。ただ少なくとも初期の段階では、このように感情的な雰囲気の中で墳墓の状態を明らかにする作業が進められていたことを伝えんがため、述べたにすぎない。カーターは、かつて辛辣に、それはちょうど危機的手術に際して軍医が、うまくやれよと世界中の通信社に肘をこづかれているようであったと述べたことがあった。当然のことながらこの「手術」は実に局面を左右する重大なものであった。カーターが発見したのは、果たして無傷である唯一のものなのか、あるいは、以前すでに発見されていたファラオの墓の中でもあまり荒らされていないといった部類のものなのか…おそらくこれは、それまでに発見されたものの中でほかに類を見ない唯一の実例であったといえるであろう。カーターがすでに少しではあるが覗き見た外側の部屋［前室］の内部には、三〇〇〇年以

図16　前室の内部。

上も前にこの世を去った一人の王のために作られた、葬礼用の高価で珍しい品々が多数横たわっていたのである。

三〇〇〇年もの間、これらの遺物、すなわち象嵌の施された木材、金、銀、貴石を用いて細工された品々は、空気も入れ替わることのない気密の部屋に封印されたままであったのだ。いかにしてこれらの品々は無傷のまま保存されてきたのであろうか。外気に触れた途端、その中のいくつかの品々は崩壊してしまうのではないだろうか。保護に使用可能である最適な化学的方法とはいかなるものなのであろうか。とりわけカーターにとっては、いや真摯な考古学者なら誰にとっても同じことであるが、考古学は知見をうるための研究であり、単なる宝探しではなかった。それゆえになにが起きようが、まずはそれらの遺物の記録を、そして発見当時にそれら一つひとつが置かれていた位置を記録する方法を見つけ出さねばならなかった。そしてまた、専門家の援助をえて、この比類なき発見がもたらすであろう収穫のほんのわずかな情報といえども落ちこぼれなく拾い集めなければならなかったのである。

この作業はチームごとに分担すべきであろう。すなわち、写真係、植物の分類上の種を調べる植物学者、銘文を扱う言語学者、そして、もろく壊れやすい品々、とくに羊毛製品、織物などの保存方法を助言できる科学者たちのチームである。

カーターは、これらのチームのリーダーであったし、彼らを鼓舞する役目を担っていた。彼

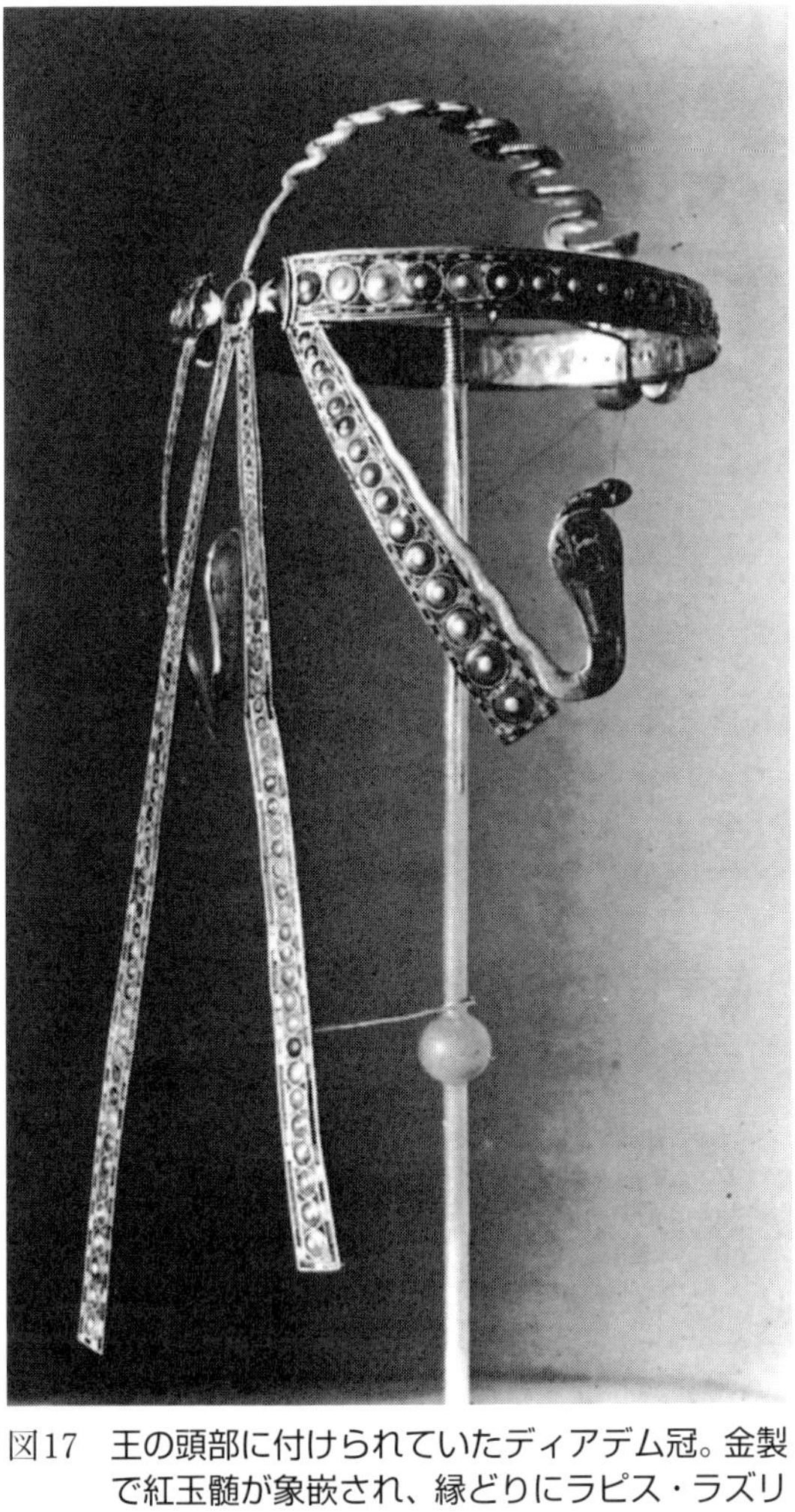

図17　王の頭部に付けられていたディアデム冠。金製で紅玉髄が象嵌され、縁どりにラピス・ラズリが配されている。

についてガーディナーはこう語っている。「彼には職務的干渉、いらいらさせられるさまざまな遅延、歓迎されざる過度な公開記事、誤解、等々に対するあれこれ異なった闘いがあった。それに彼はおそらく、いつも上機嫌でいるような人ではなかったと思われる。しかし、彼は非常に素晴らしい立案者であったし、また発掘の実行過程においても、また記録およびもろくなっている古代遺物の保存技術においてもほとんど天才ともいえる能力をもちあわせていた。ともあれ彼に与えられた最高の贈り物は忍耐であった」と。

いくつかある部屋の中の最初の部屋の封印されていた壁が、内に向かって開かれた。ここでもう一つの声に耳を傾けてみようではないか。この墳墓を塞いでいたものがすべて取り除かれ、そこにいた発掘者たちがその控えの間に入ることが可能となった瞬間の様子、すなわちおよそ紀元前一四〇〇年以来の床《ゆか》に、今まさに第一歩を記そうとしている最初の人びとのことについて記述しているアメリカの著名な考古学者・故ジェイムズ・ブレスティド教授の声に。

「わたしたちは信じられない光景を目にした…それはおとぎ話の世界にしかありえない光景、誰か偉大な作曲家が夢の中で見るようなオペラハウスのうっとりさせる小道具部屋。わたしたちの反対側には、王が横たわった寝台が三台置かれ、わたしたちのまわりにはいくつかの衣装箱、宝石箱、アラバスターの花瓶、金で飾られた背もたれのない一人用の椅子や肘掛け椅子など、この世を去って久しい一人のファラオの高価な品々が山積みにされて置かれていた。それはクレタがその絶頂期を終えたときよりもずっと前、ギリシアが生まれ、ローマが勃興したときよりも遥か昔、すなわちこの世界の文明の歴史の半分以上に相当する過去、そのときすでに世を去っていた王のものなのである…これらのものは、石灰石の白い壁を背景にして明るくしかも穏やかな輝きを放っていた。茶色、黄色、琥珀色、黄金色、あずき色、そして黒色などさまざまな色彩があたかもメロディーを奏《かな》でているかのように…」

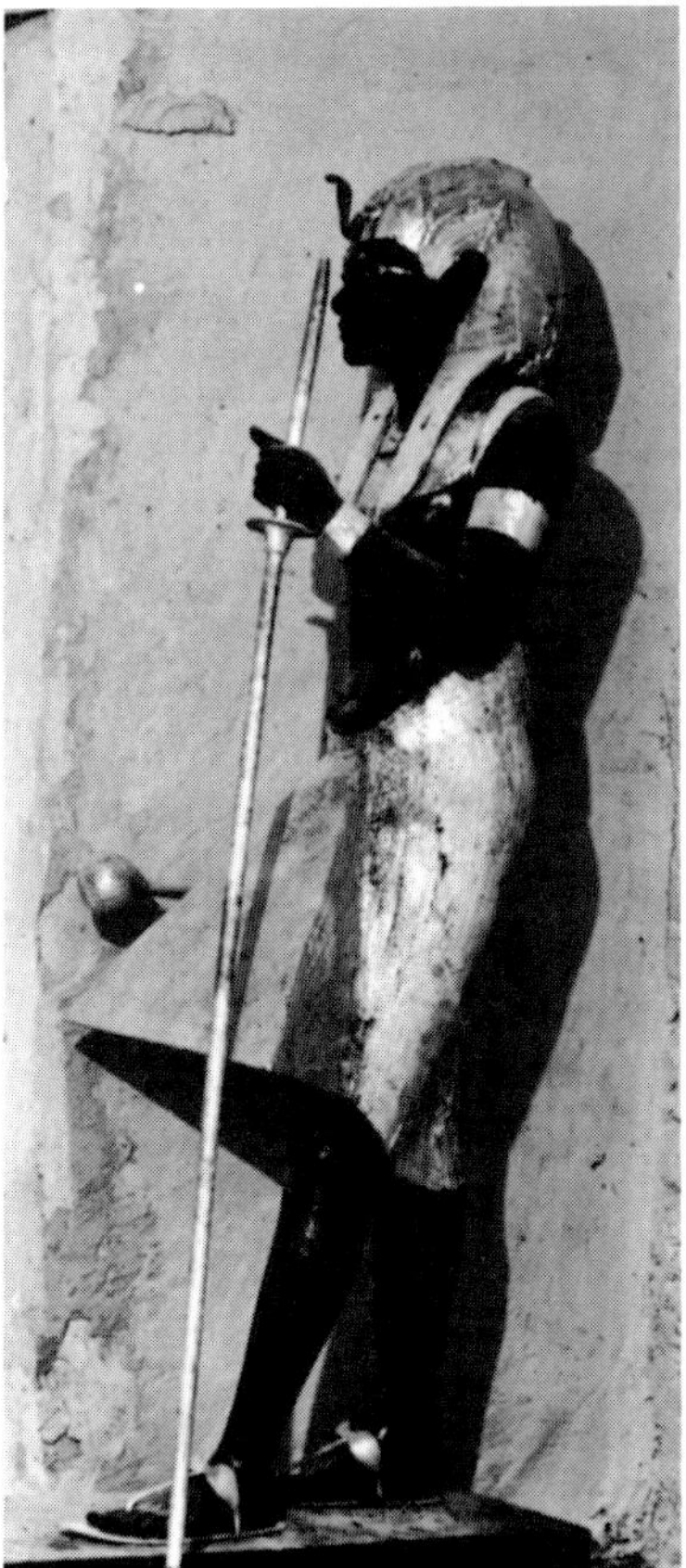
図18　封印された壁を守護する二体の木像のうち向かって右側の一体。

この控えの間［前室］、カーターはこう呼んでいた、はそれほど大きくはなかったし、エジプト王家のほとんどの岩窟墓の控えの間よりはかなり小さなものであったが、数多くの品々が山のように乱雑に積み上げられ、詰めこまれていた。ガーディナーは、「事実、それらは倉庫の中にきちんと整理して置かれている家具のように見えたが、しかし調査官の注意を釘付けにした二つのものを除けば芸術的な視点で組み分けするという配慮は、まったく見られなかった」と言っている。さまざまな品々がぎっしりと詰めこまれたこの部屋の奥まったところには、黒色と金色に着色された二体の等身大の木製の人物像が立っていた。そしてこれらの彫像の額には金製の聖蛇《ウラエウス》、すなわち王位の証［古代エジプト王や神々の頭につけたもので、絶対権力を表す」が付けられていた。それぞれの人物像は左手に金の職杖をもっていた。この二体の見張り番の像と像の間に王家のネクロポリスの封印がある壁がもう一つあることを、カーターとその仲間たちは発見した。「封印されているこの壁の向こうにはさらにいくつかの連続する部屋があるはずであり、その内の一つの部屋では、もしやと思われる暗闇の中にあのファラオが横たわっているのが見えるにちがいない」

考古学者たちは最初当惑し、またひどく驚きもしたが、やっと少し立ち直り、前室を分類しながら調査をはじめた。しかし、まもなくして彼らは何か別のあることに気づいた。あらゆる箇所に、大急ぎで片づけることもままならなかったのではないかと思うような証拠が残っていた。ここに置かれていた遺物のすべてが無傷とはいえなかった。墓泥棒たちはここに入りこんだが、目的を達成する前に何者かによって中断させられたにちがいない。出入り口の左手に置かれていた、金の装飾が施された一つの木製の寝台の下には、この部屋より少し小さい、もう一つの部屋に通ずる入り口があったがそれは開いたままであった。その部屋の床には盗賊たちによって乱雑に放り出されたたくさんの品々が散らばっていた。

それでも重要なものはほとんど失われていないようであり、損傷も受けているようにはみえなかった。しかし、まさに奇跡といわざるをえないが、三〇〇〇年ほど前の、この泡と消えた泥棒行為以来、誰もツタンカーメンの墓に入ったことはなかったということについては疑う余

図19　盗賊によって開けられた付属室へ通じる穴。

地はないであろう。エジプトの最高の時代を築いたすべてのファラオたちの中でも唯一人、彼だけが造られたときのままの岩窟墓の中で安らかに眠っていたし、そして事実いまもなお、二人の見張り番に監視されているこの封印された壁の向こうで眠りつづけているのである。

カーターの忍耐が示されたのはまさにここでであった。この封印壁を破り何がその向こうにあるかを見たいという誘惑はきわめて強いものであったにちがいない。しかし彼はその誘惑に負けることはなかった。最初に前室を、つづいてこの部屋に付け足されている小さな付属室を、何千年もの間ここに保管されてきた多数の品々を保護保存することに神経を配り、一つひとつ可能なかぎり細心の注意をはらって清掃しようと決心した。このようなことを実行に移すため彼とカーナヴォンは、専門家たちを集めチームを作った。彼らはいずれもそのなし遂げた仕事によって名誉を受けるにふさわしい人びとであった。その中には、アルバート・M・リスゴー、そしてニューヨーク・メトロポリタン美術館のエジプト部門の学芸員、ハーバート・E・ウインロック、とアーサー・C・メイス、そして同じくメトロポリタン美術館からもう一人、パーシー・ニューベリー教授が、この墳墓で発見された花束やほかの植物鑑定に助力するため呼ばれた。アラン・ガーディナー卿は、もし何か銘文が発見された場合に調査することになっていた。そこにはまた、カメラマンのハーリー・バートンもいた。それから製図家のホールとハウザー、エジプト政府・化学部門の部長アルフレッド・ルーカスも加わったが、彼はエジプトの古物の保護と保管にかかわる自らの数知れない経験を目いっぱいに活用し、力を発揮した。ただ一つの遺物を移動させる前におこなわれた予備的な作業だけでも二カ月かかった。

カーターは次のように述べている。「それは実に手間どり、骨の折れる作業であったし、つねに責任の重さに打ちひしがれるような思いに神経をとがらせていなければならなかった。発掘者がなにがしかの考古学的自制心をもっているならば、誰しも自覚しなければならないのは……発掘者が見つけ出したものは、その人自身の財産ではなく、ましてや自分自身の好みに合わ

図20　最初の儀礼用戦車の上に置かれたベル神の頭部。

せて取り扱うことができるものでもないということである。それらの遺物は遥か遠い過去の時代から現在に至る長い年月にわたって受け継がれてきた、厳重に保護することが要求される遺産であり、もし不注意、怠慢、あるいは無知によってその人が、それらの品々からすでにえていた知見の評価を減ずるようなことがあれば、それは考古学にとってゆゆしき行為であるばかりか、非難されるべきことであるとその人は気づかされるだろう」と。

王家の谷にある墳墓の中で最大のものはセティ一世の墳墓である。そこには広々とした回廊と部屋がいくつもある。カーターは許可をえてここを一時的に閉鎖し訪問客たちを締め出し、研究室と仕事場をそこに設置した。このようにして準備が整うと、一つまたひとつとツタンカーメンの墓から発見された遺物がこの研究室に運び出され、ここで、約九六五キロメートル離れたカイロまでの輸送に備えての梱包がされる前の処置が施された。毎日この谷のまわりでは、ツタンカーメンの墓から研究室に新たにもちこまれる数々の遺物を一目見ようと新聞記者や訪問客たちの群れが躍起になって歩きまわっていた。その時だけが新聞記者たちにとっては、それらの品々を目にすることができるチャンスであったからだ。というのもこれらの遺物を人びとが見られるようになるのはずっと後のことであろうし、また、たとえ見ることができるようになったとしても、それはそれでたいへんな苦労を伴うからである。カーターも彼の仲間たちも酷暑の中、ときにはずっと夜遅くまで、明かりの灯ったセティ一世の墳墓の内部で、実に長い期間にわたって作業をつづけた。これらの遺物は一つひとつ写真におさめられ、線描され、そして今日でもオックスフォードのグリフィス研究所で見ることができるあのインデックス・ファイルにカーターの几帳面な文字で記録されたのである。

次の章でわたしたちはこれらの遺物の中でもさらに見応えのあるもののいくつかを考察することにしたい。しかし今しばらくは、カーターおよび彼のチームを悩ませたいくつかの困難について少々時間をさいても簡単に記さなければならないと思う。それは第一に、彼らが作業を進めていたのは格別心身を疲労させる季節であったことにくわえ、とりまいていたのは熱狂した煽情的な環境であったということである。

ある新聞、「ロンドン・デイリー・テレグラフ」は、一九二三年一月二十五日の光景をこのように記していた。「その光景は…ダービー競馬日の記憶を蘇らせた。岩石で外界から隔離されているこの峡谷に通ずる道は…想像できるかぎりの多様な馬車や動物たちでひしめき合っていた。ガイドたち、驢馬の引き手たち、古物商たち、そしてまたレモネードの行商人たちまでもが商いに忙しく、叫び、わめき立てていた…最後の品が例の、回廊から運び出される今日こそ新聞記者たちは、それぞれの通信事務所に誰よりも早く到着したいと驢《ろ》馬《ば》、馬、駱駝《らくだ》、そしてまた古代の二輪戦車に似たサンド・カート〔砂地用の荷馬車〕で、まるでレースでもしているかのように

図21　前室の内部、南側の奥。寝台と戦車がみえる。

砂漠をよぎり、ナイル河畔に向け猛烈な勢いで一気に駆け出しはじめた…」と。

これだけでも、もうたくさんだと思われたが、この地に押しかけてくる幾組かの訪問者たちの群れはこれ以上に始末が悪かった。もしわたしたちが彼らからの要求に一つひとつ答えるようなことを容認していれば、訪問客が十組を超えない日など一日もなかったであろう。「実に、一日十組もの訪問客がやって来た日が何日もあった。言い換えれば、そんなときには何週間にもわたってまったく作業ができないということである」とカーターは書いている。このような歓迎されざる訪問客を制限することにした考古学者の断固たる決意の結果、彼らは、身勝手だ、マナーが悪い、そしてさらには不作法だなどと訴えられた。それにしても、もしカーターが制限人数以上の人びとをひとたび墳墓へ送りこむことを認めたりしたならば、岩窟墓の中の非常に貴重なものが損傷を受ける危険がすぐにも生ずるのは明らかであった。

さて、カーナヴォン卿の出番であるが、彼はといえば、情報配布のための特約社として「タイムズ紙」のみを使うことにしていたためにことごとくの通信社から叱責されていた。当然のことながら「タイムズ紙」以外の新聞社の怒りは頂点に達していた。ある特派員はカーナヴォンについて次のように書いている「…この墳墓は彼の私有財産ではない。ましてやウェールズの山中で、彼は自分の祖先の遺骨を掘ったわけでもない。エジプト人の地で、とある眠るファラオの上を、よろよろつまずきながら歩きまわり、…その岩窟墓の内部に納められていた遺物

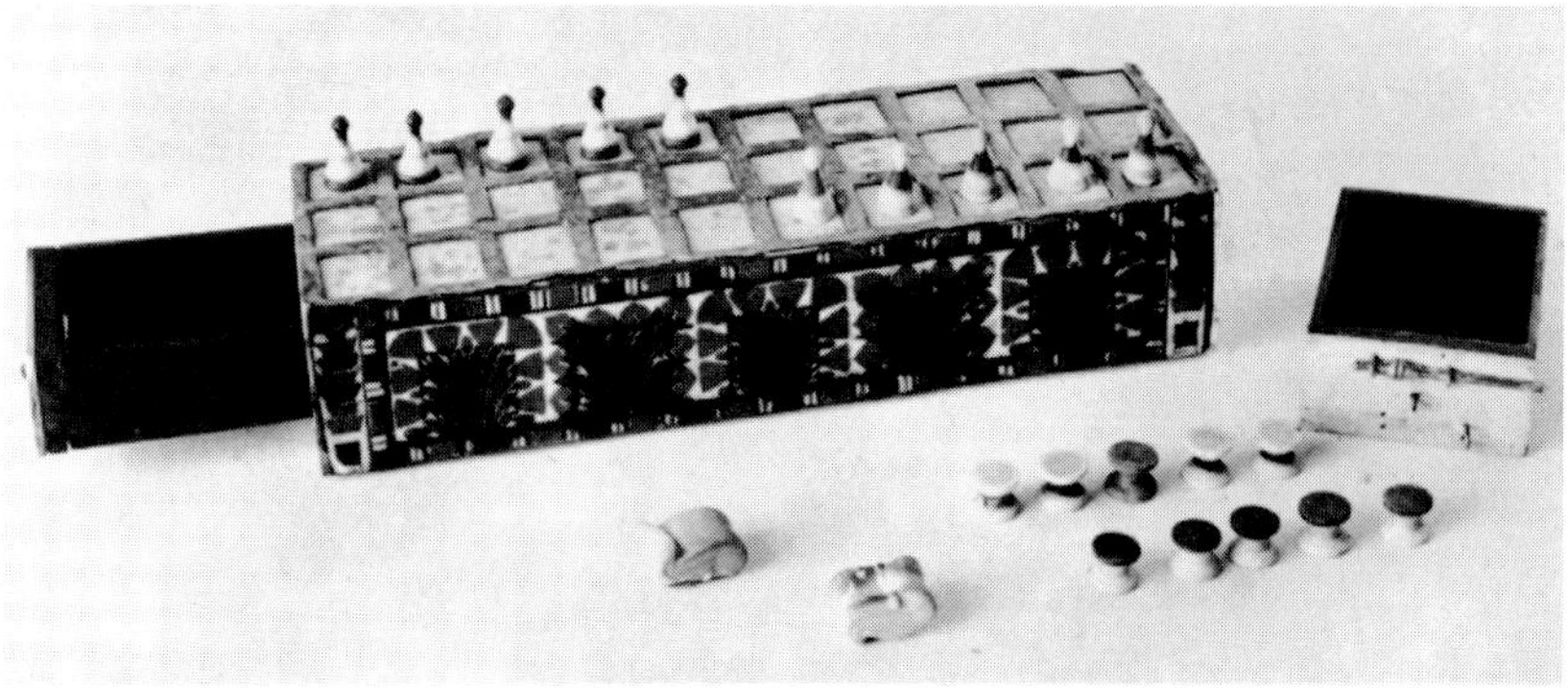

図22　象牙製ゲーム盤と手前にみえるナックルボール（骰子）・ゲーム部品。

の内容を自分だけの秘密にすることで、世界でもっとも大きな影響力をもつ新聞社の大部分を敵にまわしてしまったのだ」と。

残念ながら、これは事実であるといわざるをえない。しかし実際には、カーナヴォンは、その都度、瞬間的な集中力、たとえそれがほんのわずかな集中力といえどもそれは彼らの特殊な作業には必要欠くべからざるものであるからこそ、記者たちの得点記録に必要な特種《とくだね》の争奪戦から仲間と自分自身を守ろうとしたまでのことである。過去数カ月間の時の経過とともに周囲の状況は、緊張度をますます高める結果となり、かつてエジプトでなされたいかなる考古学的発見の中でも、もっとも偉大なこの発見をついには挫折させるようなことにもなりかねなかったのである。

第4章　絶望と挫折

前室の清掃作業は、一九二二年十二月二十七日に始められ、完全に清掃しおわったのは、翌一九二三年の二月中旬であった。それは、わずか二十五フィート［七・六二メートル］×十六フィート［四・八八メートル］の部屋、しかもその中には、ほとんどの品が壊れやすい状態で、ぎっしり詰めこまれている部屋の中での、厄介なそして神経をとがらせての苦しい七週間であった。その中のいくつかはあまりにも壊れやすいものであったため、研究室へ移動させる前に、発見されたときのままの状態で化学的処理が施されなければならなかった。

これらの品々を一つまたひとつと移動させるたびごとに、カーターや仲間たちの感情はひどく緊張し揺れ動いた。そのまた一方で、考古学者として写真記録をとり、保護し、そして細心

図23　精巧な金細工が施された留め金具つきの王の宮廷サンダル。

の注意をはらってそれぞれの宝物を墓から研究室へ移動させ、そしてその後カイロの博物館へ輸送することが彼らの責務であった。といっても彼らはただ単に一つの博物館のギャラリーからほかの博物館へ物を運んでいるだけではなかった。彼らは、三〇〇〇年以上もの長きにわたって彼ら以外の人の目にいまだかつて触れることがなかった小さな部屋の中で系統だって自らの仕事を一つずつこなしながら動きまわりつづけ、先達たちが求めてきたものの明確でドラマティックな価値を発見したのである。それは、三〇世紀にもわたり誰からも邪魔されることもなく存在しつづけてきた手つかずの墳墓とみなすに足るものであった。事実この岩窟墓は、この谷に存在している他の二十七の王家の埋葬所とは異なり、奇蹟と思われるほど保存状態がよかった。しかしながら、神官たちが入り口を封印し、この墳墓が静寂と暗闇の中に残されたその時点よりも以前に、この墳墓の壁の内側では注目すべきハプニングが起きていたのだ。

たとえば、最初に調査された遺物の中の一つは、輝くばかりの色彩が施された木製のカスケット［宝石などを入れる小箱］であった。その外面はゲッソー［焼き石膏と膠《にかわ》を混ぜ合わせた白い下地・漆喰］で下塗りが施され、その上にはツタンカーメンが野に出て狩りをする光景や、この王が二輪戦車に乗り、古くからの敵、ヌビア人やアジア人らしき人びとを殺害している戦闘の場面が、古代のエジプトの芸術家によって生き生きと描かれていた。その細部への繊細な

図24　盗賊が残した盗品。亜麻布に包まれた８個の金製指輪。

目配りと見事な色彩の調和をもって描かれたこれら劇的場面は、ペルシアの細密画を思い起こさせるものである。しかし蓋を開けたときカーターと同僚たちは、実に奇妙な品々の寄せ集めに遭遇することになったのである。

通常このような箱には同じ種類の品々が、少なくとも何か関連性のある品々が納められているものであるが、なんと彩色されたこの手箱の中には、いぐさとパピルスで作られたサンダルが一足、黄金のスパンコールで装飾が施された王の長衣とビーズでつくられた精巧な品、このほかにも王の長衣（そのうちの一着には三〇〇〇もの黄金のバラ飾りがあった）、金製のサンダル三足、金箔を被せたベッド用の枕、弓の射手用の篭手《こて》、種々さまざまな布のロールやクッション、布で包まれた数々の宝石類、これらすべてがきちんと整理されることもなく手あたり次第にこの小箱の中に詰めこまれていたのである。

もう一つの小箱の中には、ヒョウの毛皮でつくられた、ちょうど神官たちが着ていたような長衣で、金銀の星飾りがついたもの、薄板状の金製のバックル、硬質の金でつくられ、ラピスラズリの装飾が施された笏《しゃく》、いくつかのネックレス、亜麻布で包まれた重量のある金製の指輪が一握りほど入っていた。これらの指輪は確かに墓泥棒たちがもち去ろうとした品々の一部であることを示すものであった。しかしそれにしてもほかの品々とは不釣り合いのこれらの指輪をまたどうしてこの小箱の中に戻したのであろうか。

それからもう一つ、黒檀製の長い箱があり、その一番上、すなわち蝶つがいで接続された蓋のすぐ下には、シャツと下着があったが、すべてが乱雑に詰めこまれ皺しわになっていた。しかしそのすぐ下には何本かの杖や弓、そして数えられないほど数多くの矢があったが、その矢先はすべて折られていた。矢の先に着いているメタルのためであろう。これも盗賊の仕業だ。時をへずして、これらの小箱にはもともと、よく似たタイプの品々が分類されてきちんと納められていたということが明らかになった。この箱にはかつて弓矢が納められていたのであろう。しかし墓泥棒たちが去った後、神官たちはこの部屋の中を片づけたとき、急いで床に散らばった種々雑多な品々をかき集め、手あたり次第に空きのある近くの小箱の中へ押しこんだにちがいない。

発見された一三〇本ほどの杖の中の一本の取り付け金具には、二人の捕虜、すなわちエジプトの北方と南方の古くからの敵である黒人［ヌビア人］およびアジア風の男が一緒に足を縛られている姿が見られ、この金具が杖の曲線をえがく握りを形成している。彼らの顔、手と足は象牙と黒檀でできている。また縛られた黒人捕虜の形をした握りが付けられた、これとよく似た杖がもう一本あった。またこのほかにも、中に何が納められているか、ヒエログリフ［古代エジプトの象形文字］で古代に銘記されたままの札がいまも残っている箱もいくつかある。例をあげると、一つの箱にはラピスラズリ・ブルーの品が十七個納められていると記されている。

しかし実際にこの箱の中に入っていたのは十六個の花瓶であった。それにくわえこの箱の中には、一対のブーメラン、象牙を彫りこんで作った手箱一つ、ワインの濾過器一つ、手のこんだ作りの胴鎧の大部分が無造作に詰めこまれていた。

いたるところに掠奪しようと荒らしまわった痕跡があり、その後この墓の収納品を急いで片づけ整理した証拠が残っていた。この前室の中で最高の逸品は、木製の壮麗な寝台三台であった。

それらには金メッキが施され、それぞれ一頭の雌ライオン、河馬、牛といった動物たちの頭で飾られていた。このようにきわめて重い家具は盗賊たちにとって魅力あるものではなかったようで、寝台は置き去りになっていた。しかし一つの寝台の下には、何かこれらよりもさらに素晴らし

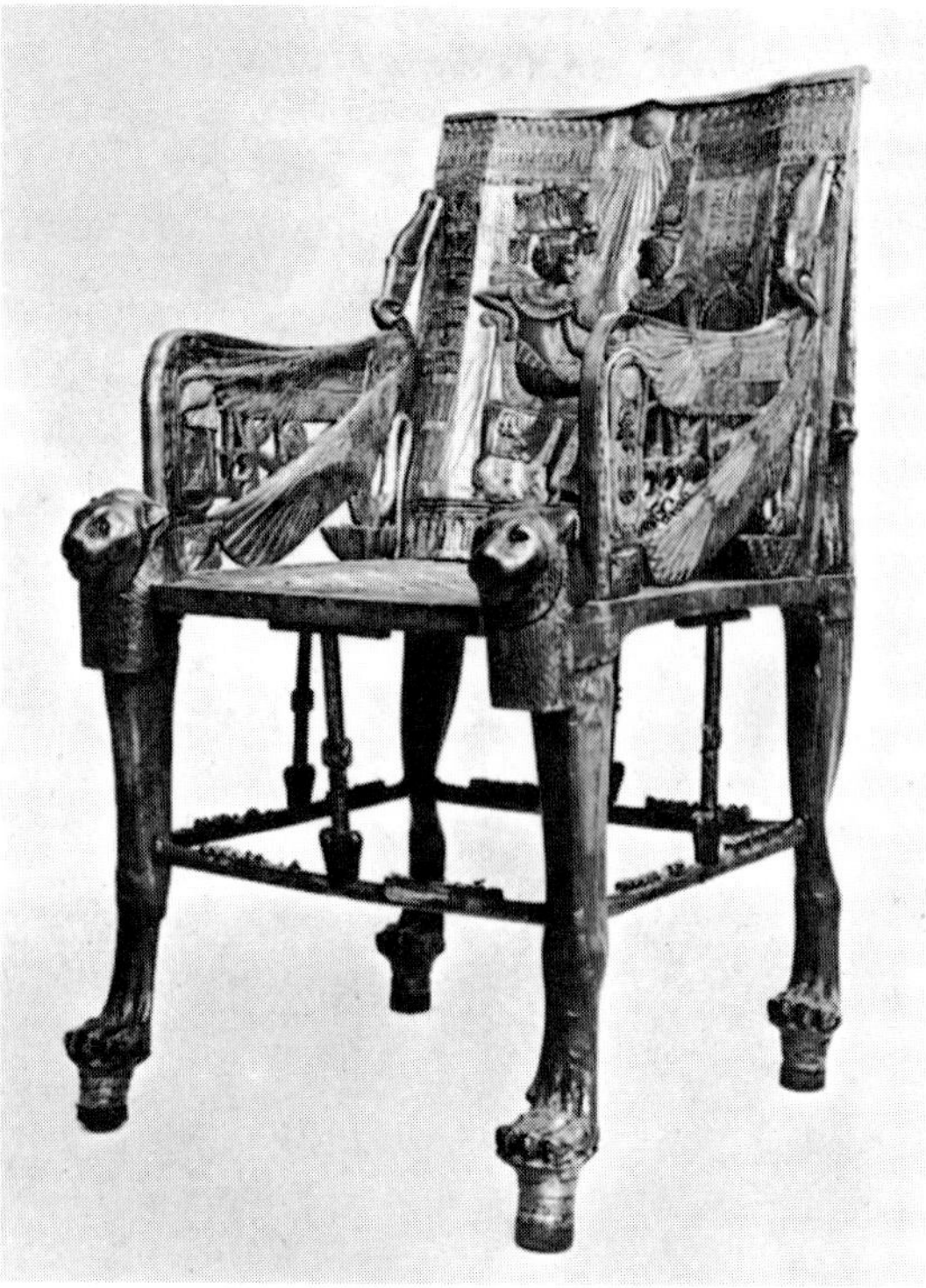

図25　王の黄金の玉座。

いものがあった。全体がすっかり金の板で覆われ、きらきら光る彩色ガラス、ファイアンス、そしてジェムストーン［美しいカラフルな石］で精巧な象嵌細工が施された華麗な玉座である。その玉座の肘掛けは、翼をもった大きな毒蛇（古代エジプトの王家のコブラ）の形でつくられていて、それぞれのコブラはエジプトの南北の統治を象徴する二重の王冠をその頭上に頂いている。

しかしことのほか考古学者たちの注意をかき立てたのは、この玉座の背にある赤いガラス、青いファイアンス、そして方解石の象嵌が、黄金の板の地色に映えてあたかも白熱光を発しているように美しい光景であった。それはツタンカーメンの宮殿のある部屋の光景そのものでもあった。そこには一人の若い最高支配者が、腰掛けでくつろいでいる姿があった。これによく似た姿は、彼の墳墓でたびたび見られるものである。彼の前に立っているのは彼と同じく若い王妃、アンクエスエンアメン［アンケセナーメン］である。彼女は、襟元に精巧なビーズ刺繍が施された襞《ひだ》のある優雅な半透明の亜麻布で作られた長いローブを着て、丈の高い頭飾りを付けている。彼女は、しなやかな姿で前のほうに寄りかかり左手にもっている器から香油を優しく王の肩に注いでいる。この光景は実に愛情と献身に満ちている。この人たちは王位にある人びとである。それはほとんどその礼装の重さで沈みそうな姿でわかる。とはいっても彼らもまたやはり人間なのである。

この作品は明らかにいわゆるエジプト芸術のアマルナ期、すなわち、王・アメンヘテプ四世が自分の名前をアクエンアテンと変え、突然アメン神や、一五〇〇年以上の年月にわたってエジプトで崇められてきた数多くの神々を崇拝することを禁じた時期に属するものである。それは彼が、これまでの神々を唯一の神、すなわち彼がアテンと呼んだ、生命を与える神で、光線を降り注ぐ日輪の円盤として表現された神に置き換えようとしたまさしくその時期である。この若い夫妻の上方にアクエンアテンが崇めた神が見える。また右の方には円形テーブルの一部が見てとれる。テーブルは側面と上面のどちらも同時に見えるような方法で表わされている。エジプトの芸術家たちは遠近法を知らなかったのである。

図26　黄金の玉座の背に描かれたツタンカーメンとその妻アンケセナーメン。

ところで、この玉座の脚を調査したとき、カーターはまたもや墓泥棒たちが意欲的に立ち働いていたことを知ることとなった。黄金ですっぽり覆われていた玉座の隅のでっぱりのいくつ

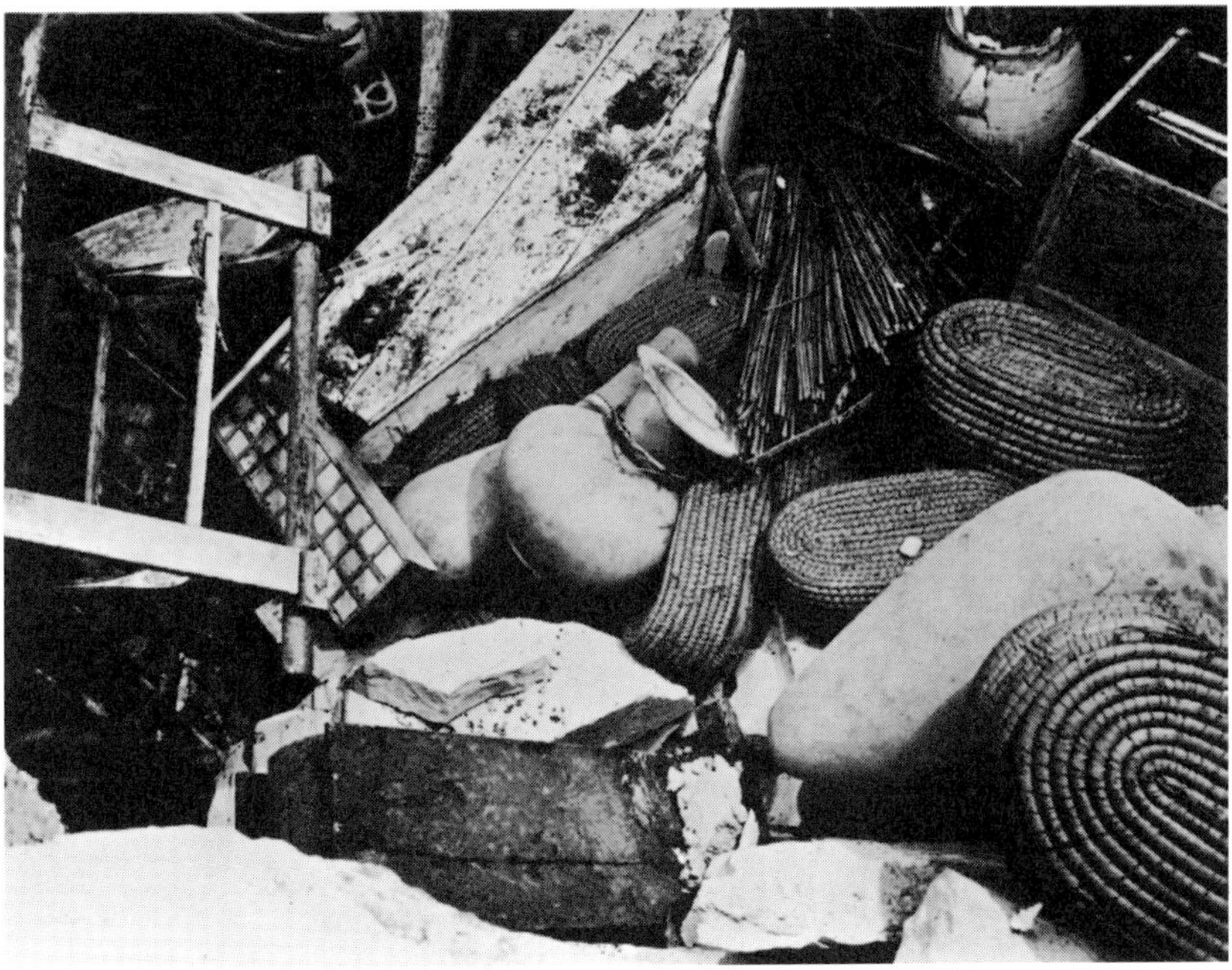

図27　壁穴からみられた付属室の内部。盗賊の足の跡が白い弓箱の上にみられる。

かがもぎ取られていた。機会さえあればもちろんのこと、墓泥棒たちは玉座を丸ごとそっくりもち去ったにちがいない。しかしわたしたちにとっては幸運といわざるをえないが、彼らには邪魔が入ったのである。何に妨げられたのであろうか。あの暗黒の中、岩の中に穿たれた狭苦しい部屋の中で、三〇世紀になんなんとする遠い昔にいったい何が起きたのであろうか。どのようにして墓泥棒たちは、この部屋に入りこんだのであろうか。そして中に入ってもち去るべき品々を気が狂わんばかりに探しまわり、あれもこれもひっくり返したのにもかかわらず、なぜ彼らは

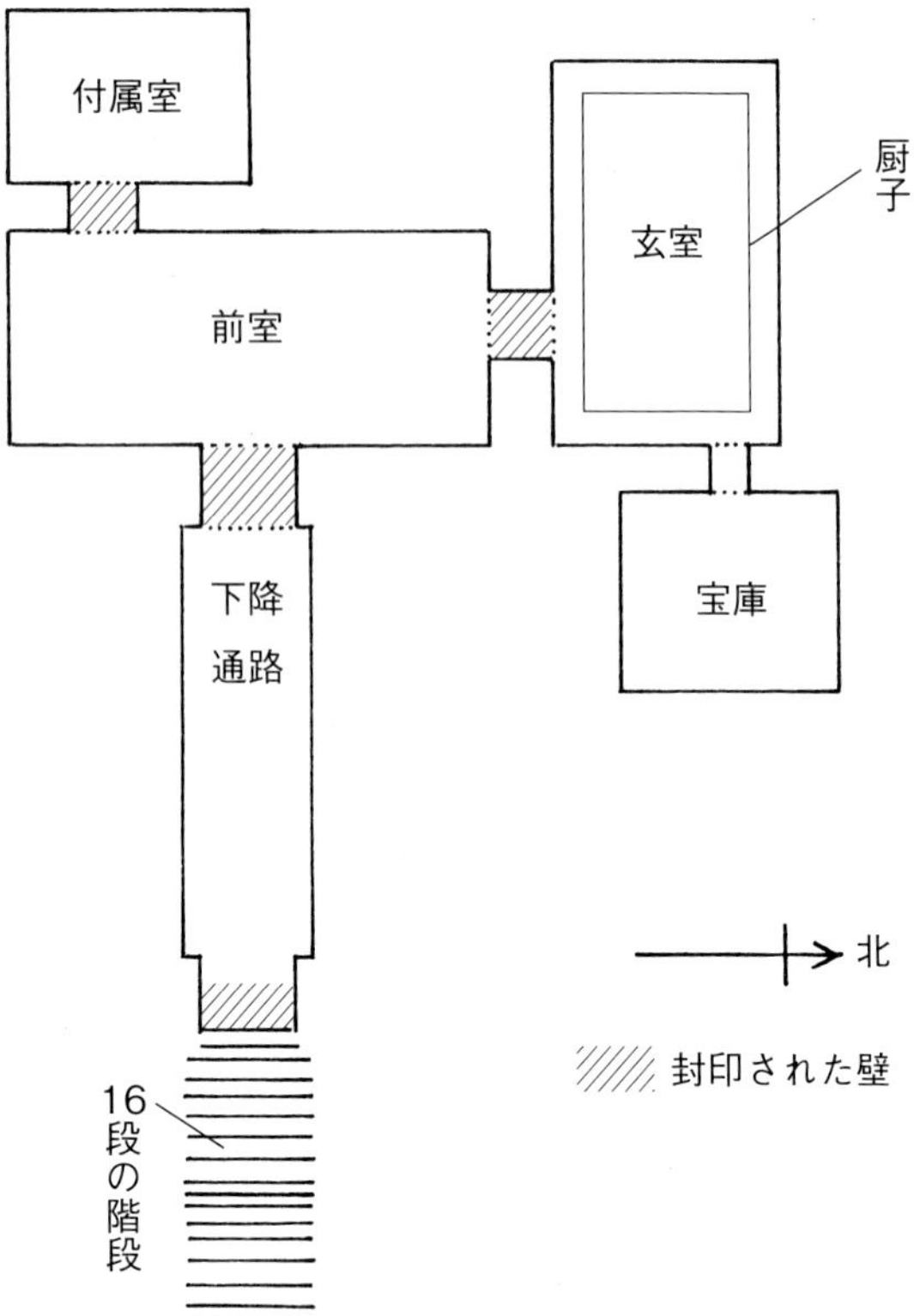

図28　墓の平面図

これほどまで多くのものを残していったのであろうか。ひと切れの王家の亜麻布に包みこんだあの掌ひと握りの指輪までも。

彼らは、下降通路の入り口から奥の封印壁までをすっかりふさいでいた荒石を取り除きながらトンネルを掘るようにして進んでいった。長い間の経験から古代や近代の墓泥棒たちの癖を知りつくしていたカーターは、ほとんどの荒石は汚れているわけでもなく、この荒石に触れた形跡さえもないのに、下降通路の天井近くのいくつかの石にひどく汚れている個所があることに気づき、それはトンネルが埋め戻されたときにふたたび荒石が積み直された箇所であることを示していると推理したのである。墓泥棒たちは封印されていた第二の入り口、すなわち封印壁を破壊し中に入ったとき、自分たちが前室にいるということに気づいたのである。そしてそこから彼らは部屋と部屋の仕切りになっているいくつかの壁に穴を開け、隣接する部屋への入り口を手に入れたわけだ。

あの金で覆われた重要な寝台の一つの下方にみえる穴（図19）は、発見当時開いたままであった。ネクロポリスを管理する神官たちはその穴を封印しなかったのである。その穴からカーターは、その向こうにある乱雑きわまりない小さな部屋を目にしたというわけだ。いくつかのアラバスター製の花瓶、小箱、武器、衣服、装飾品がところせましとばかりに床の上に散らばり壁に向かって、うずたかく積み上げられていた。ある木製の弓箱の上には、今もはっきりと墓泥棒の一人が実際に残した足跡がいくつかみてとれる。考古学者たちは、いわゆるアネックス［離れのように付属的に造られた部屋または建物］と呼ばれる、この愕然とさせられる付属室の調査を終えた後、この部屋の清掃は最期の段階まで延期することに決めた。

さらにもう一つ、ちょうど細めの大人が通り抜けられるだけの大きさの穴が開いていた。それはこの部屋の壁の前に置かれていた二体の番人像のちょうど中間にくり抜かれていたが、これこそ埋葬室［玄室］に通ずる封印された入り口であった。ペネロープ・フォックスは、彼女の著書『ツタンカーメンの財宝』の中で次のように述べている。「一つの小さな穴が開けられていたが、それは、古代に封印されたものかもしれないし、そうではなかったかもしれない…」と。

おそらくツタンカーメンの埋葬の後あまり時をへずして、墓泥棒たちは入ったと思われるが、たとえ時間が十分あったとしても大きな品々を運び出そうなどとは思わなかったことは明らかである。彼らがくり抜いた穴はそれを運び出すほど大きくはなかった。だから目当ての品は運びやすい小さな貴重品類、特に高価なメタルで、彼らはどこを探せば良いかを知っていたはずだ。最初彼らがとった行動は、数多い箱類を開き、中にあるすべてのものを床に投げ出すことであった。それからあたふたと急いで、しかしひどくびくびくしながら価値あるものの中から、運べる品々を選んで集めようとしたのである。そんなとき、盗賊の一人が例の金の指輪を見つけた。彼は王家の亜麻布を急ぎ引き裂き、それを縄のようにないながらつぎつぎ指輪に通し、最後に包みこむようにして結び目をつくり、これを腰帯の中に突っこんだものと思われる。もう一人の盗賊は、柱脚から黄金の小さな像を引きちぎった。三人目は、価値のある金属でつくられた矢の先の部分を折り集め、黄金でできている玉座の隅のでっぱりを取りはずした。金のスパンコールで装飾が施された美しいコルセットはバラバラに引き裂かれた。おそらく墓泥棒

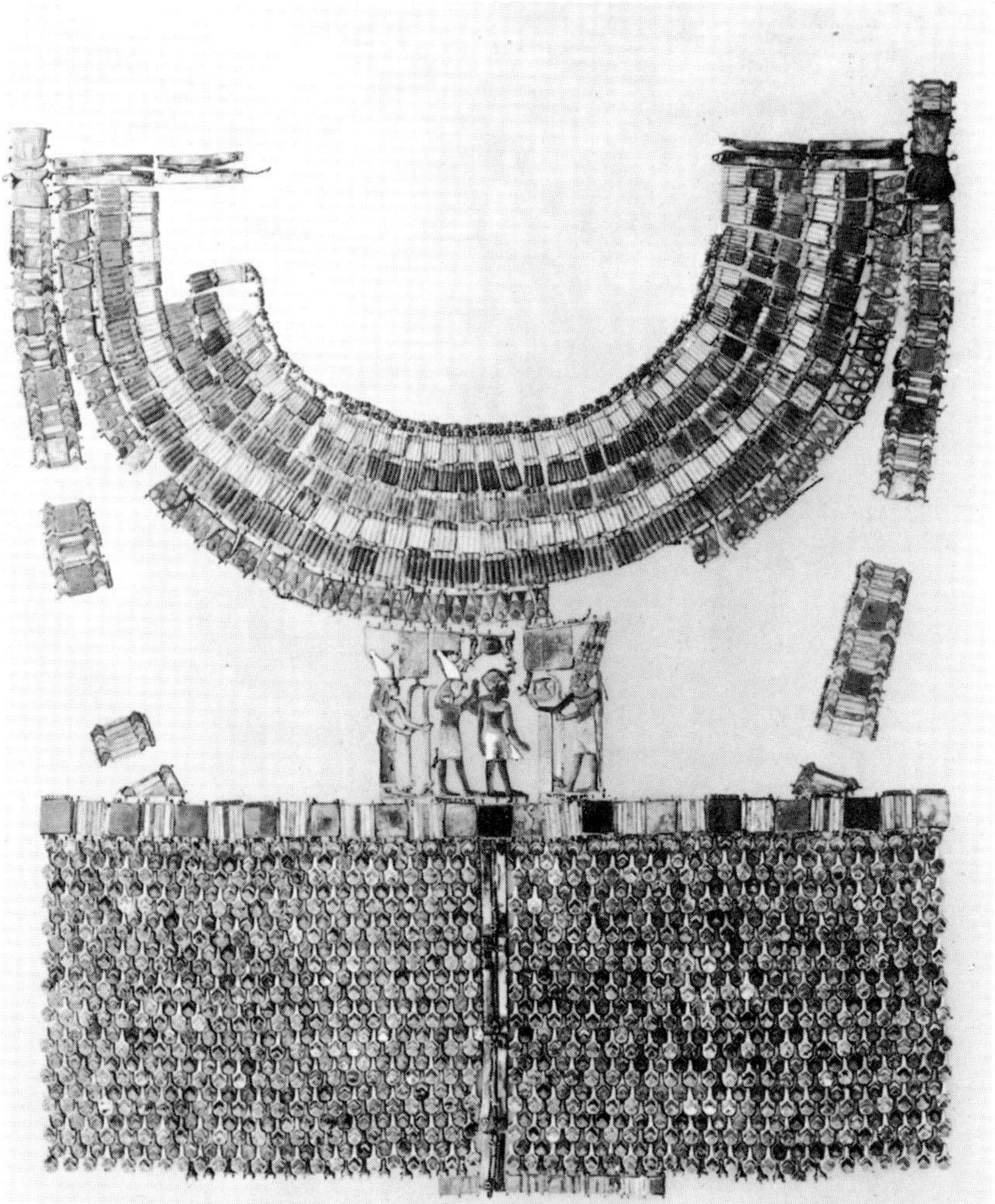

図29　カーターとメイスによって復元された王の胴鎧。

たちは、トンネルの向こうの方から見張りたちが早くしろ！　と叫ぶ声を耳にし、薄暗い部屋の中をまごつきながら言い争い、喧嘩し合っていたのであろう。

そののちわたしたちが知る由もない何かが、たまたま起きたのである。墓泥棒たちが墓の中でネクロポリスの監視員たちに捕らえられたか、あるいは力づくで、彼らの行動は中断させられ、逃亡に追いやられ追跡をうけたかのいずれかである。この推測はありえないことではない。考古学者たちは前室に収納されていたすべてのものを調査したのであるから、彼らにとって墓泥棒が入ったという証拠はあまりにも明らかなものであった。盗賊たちは、もち去ることができたはずの高価な品々を数多く残していった。たとえば、亜麻布の切れ端で包まれたまま一つの箱の中から発見された金の指輪のようなものである。その一方で、いくつかのものが姿を消している。盗賊のうちの何人かは逃げ去ったが、ほかの何人かは捕らえられ盗品を手放すよう強要されたという可能性が強い。墓の中で捕らえられた者も何人かはいたと思われるが、彼らのその後の運命は羨ましく思うようなものであろうはずはない。

古代といえ現代といえ墓泥棒は、エジプト学者たちにとっては猛害ともいうべきものである。しかしカーターは、失望しながらも、いつも自分の先を越した命知らずの男たちに対して口にはだせない一種の敬意ともいえるような感情を抱いていたのではないかと、わたしはひそかに思いめぐらしている。おそらく彼らは、飢えと貧困にせきたて駆り立てられて、国家権力だけではなく、さらに恐るべき、神聖なる神である王、すなわちファラオに対する彼ら自身の信仰をも否定し、ファラオの墳墓を汚したのではないであろうか。ここにとりあげたこの例では、結果的に彼らは失敗した。それは彼らにとっては不運なものであったが、わたしたちにはまことに幸運なことであった。

第5章

王の御前にて

ある遺物では必要ないのにいくつかの遺物に限っては、人為的な保護が必要とされるのはなぜかとたずねられるかもしれない。あきらかに石、メタル、ガラス製の品々は、湿気、乾燥、またあるいは自然の腐朽などに作用されにくいものである。そのようなものの一つに、カーターが最初に目にしたあの心魅する「願いの杯」がある。それは、半透明のアラバスター［方解石］製で、永遠の命の象徴を支えるその取手は蓮の花で構成されているため「蓮の形《ロティ・フォーム》」と呼ばれている。象形文字による銘文はツタンカーメンのもつ称号を数多く伝え、次のような記述で締めくくっている。すなわち、

「生きながらえよ、汝のカア［古代エジプト宗教における、生命を生み維持する根源］よ、しか

図30　胴鎧の中央部。神と女神がツタンカーメンをテーベの大神アメンに紹介する場面が表されている。

らば汝一〇〇万年にわたる歳月を過ごすことができよう。

汝、テーベが献身者よ、北風に汝の面《おも》を向けて座し、その眼差しで至福を注視されよ」と。

「一〇〇万年にわたる歳月を過ごせますように…」という願いは、エジプトの墳墓においてはごく一般的なことである。死者の「カア」すなわち魂が、この世におけるよりもさらに長く墳墓、すなわち「永遠の家」で住みつづけることが望まれたのだ。エジプトは知ってのとおり非常に暑い国であるから、夕方屋外に出て北風を楽しむことが最大の喜びの一つであった。王の「カア」とて、願うところは同じであった。

前室にあった、固い木材を使い、しかも巧みな細工を施された木製の品々は、どれもすばらしい状態であったが、みな収縮してしまっていた。これらの木製の品々は金の板金で覆われ、細かいモザイクによる象嵌が施されていたが、それが結果として面倒な原因を引き起こしていた。木材の収縮が、木材とこの被覆との間に割れ目を作り、ガラス、宝石類、紅玉髄等などの

図31　ツタンカーメンの「願いの杯」。

ごく小さな一片一片を砕き散らせてしまいそうであった。そこでカーターは、溶解した石蝋《パラフィン》を用いてそれらをそのままに留め置くという手だてを講じなければならなかった。織物の取り扱いはさらに大変であった。もし箱に入れる前にきちんと畳んでさえあれば、おそらく織物は残存しえたと思われるし、それでなくても金のスパンコールやそのほか布に縫いつけられていた装飾品はすくなくとも、もともと縫いつけられていた衣服の正しい位置で発見されていたと思われる。しかしこのようなことは、ここではほとんど望むことすらで

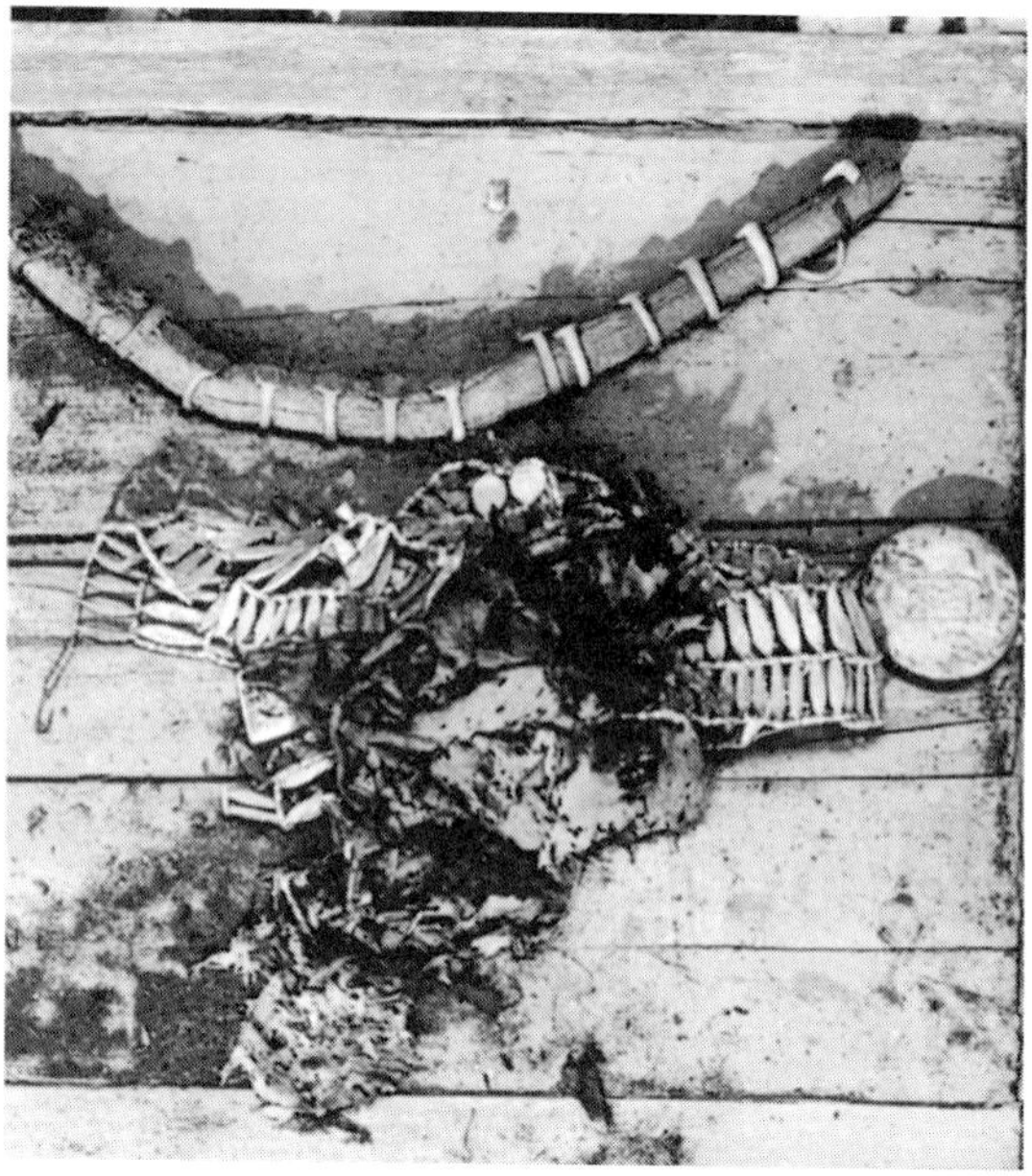

図32　箱の上に残されていた発見当時の襟飾り。

きなかった。長衣類は、いくつかもの手箱の中に、ほかの金属製品とごちゃ混ぜに詰めこまれていた。湿気（これについては後で改めて述べることにしたい）によって亜麻布はもろくなっており、手がふれた途端にはらはらと崩れ落ちた。美しい胸飾りにちりばめられていた数限りないビーズと、使い古された多くの金製のネックレス、ブレスレット、そしてカラーレット（襟）などエジプト人が大好きな宝飾品類が、混然と散らばっていたが、考古学者たちは、注意深く精査しながらノートをとり、それらがどこに落ちていたかを克明に記録した。つぎには新しい糸を使ってそれらを結び合わせるなどというんざりするほど単調な仕事がまっていた。

湿気の確かな原因は、部分的には多孔性の岩を通して徐々に浸み出てくる水の漏出、また部

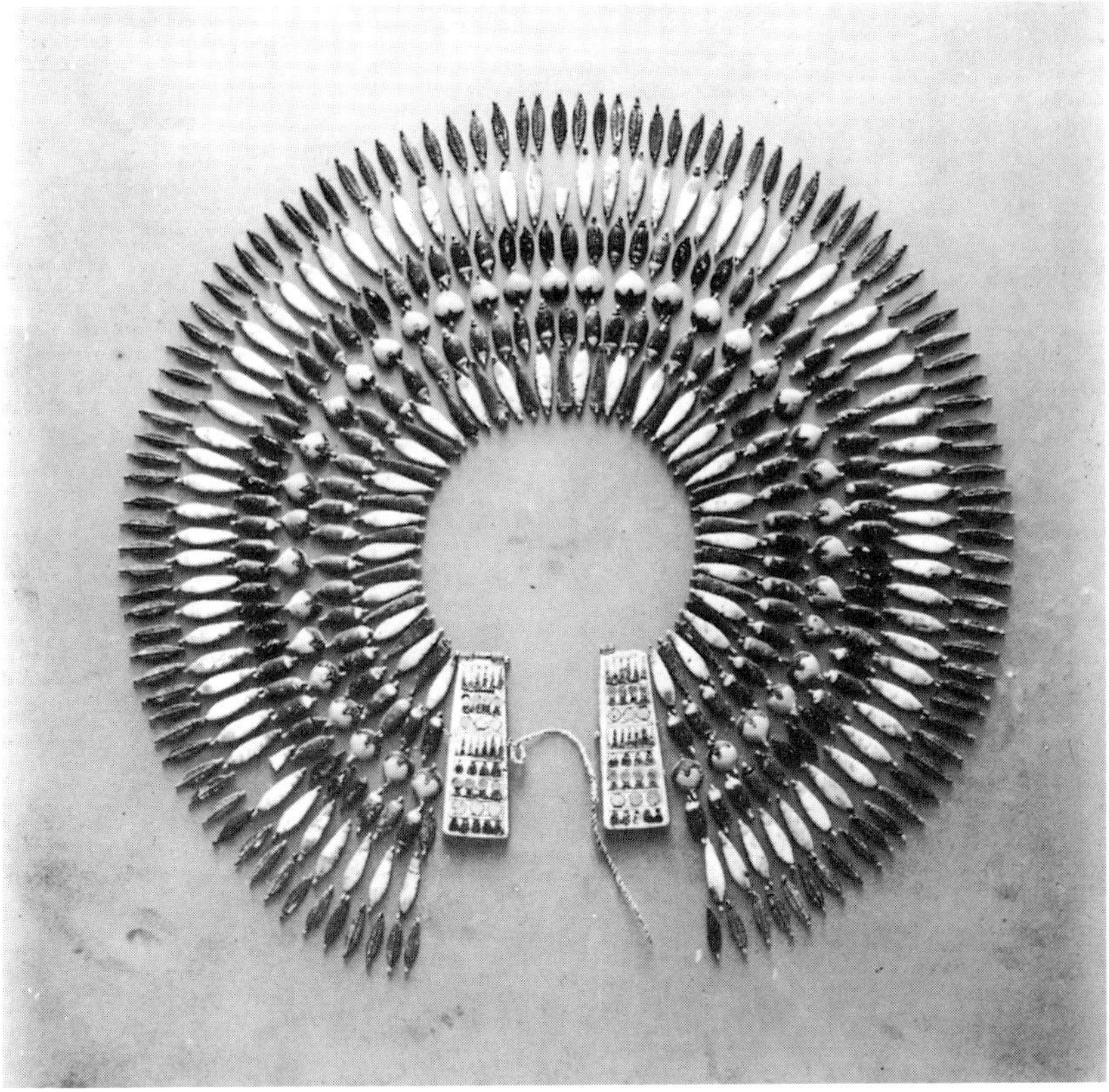

図33　復元された襟飾り。

分的には墓の中の有機性物質の化学的風化などの理由があげられるが、このじめじめとした湿度が、いつのまにかこれらの品々に破壊的な化学作用をおよぼしていたということである。たとえば、前室の南端、封印壁に開けられた入り口近くにはバラバラになった二輪戦車の残骸がいくつもあったがその車軸は、墳墓の中へもちこむために鋸で切りとられていた。しかし、車輪、車体、そして轅《ながえ》［牛、馬と車を繋いだ長い棒］はすべて、豪華に金の板で覆われたそのままの姿で残っていた。それらの二輪戦車は復元できていたが、馬具はとり替えなければならなかった。古代からの革製の馬具は黒く変質し、湿度のせいでねばねばの塊となっていた。

これら複数の戦車（他の戦車は玄室に隣接した宝庫で発見された）は、エジプト王家の墳墓から発見されたものの中でもっとも興味をそそる遺物であった。このような戦車を描いた絵は数多く残存していたし、またセオドア・デイヴィスによってイウヤとチュウヤの墳墓と呼ばれる墓でいくつもの類例が発見されていた。しかし、ツタンカーメンのこれらの戦車は、かつて発見された王家の戦車の実物としては初めてのものであった。彼の名がそれらの戦車の上に印されているのはもちろんのこと、いつものように縛られたヌビア人とアジア風の捕虜たちを描いた金の打ち出し羽目板《パネル》もその上に付けられていた。この二輪戦車は狩りに使用されたものであるが、元来は戦闘のための用具であり人の命にかかわるものであった。ラメセス二世のように、ファラオたちはみな戦闘に向かう彼らの軍隊を、このような二輪戦車の上から指揮したし、

図34　2台目の儀礼用戦車につけられた飾り金具。

古代エジプト軍の二輪戦車隊は、大まかにいえばおそらく近代のすばやい軽装甲の戦車に相当するものであったのではないだろうかと思われる。

それがもつ大きな強みは機動性にあった。二人用の二輪戦車、一人は戦車を操り、ほかの一人は弓を射るというものもいくつかあるが、ツタンカーメンの墳墓で発見されたものは、ただ一人の乗り手のために設計されたものであるように思われる。

それらは非常に軽いが頑丈に造られていた。当時はまだ、発条《バネ》というものは発明されていなかったので付けられていないが、乗り手がかなり後方に立つことで道路の凹凸による衝撃は、轅によってある程度吸収されたし、また床面は力布という丈夫で弾力のある布でできていた。六本の輻《や》をとり付けた車輪は美しく、そして丈夫であるが軽くしかもバネのように弾力性のあるものに造られていた。タイヤは革で覆われていた。座席は付けられておらず、車体の後部は開いていたので必要ならば、乗り手はいつでもとっさに飛び降りることができた。二頭の力強い馬に引かれたエジプトの二輪戦車を操るのは簡単なことではなかったにちがいない。とくに疾走しなければならないときは格別難しいが、その疾走する二輪戦車の上から弓を射ることは、それにもまして困難であったにちがいないと思われる。この若い王のスポーツに対する関心は、彼の墳墓から発見されたこのほかのさまざまな品から明らかになり、彼が幼少の頃から文武の二道をともに訓練されていたことが想像できる。

もっとも心魅せられることの一つは、発見された品々の中に、飾り気のない人間性に触れる色合いと合わせて儀礼と宗教の厳粛さが立ち表れているということである。財宝の中の多くの品々は、ツタンカーメンが墳墓の中で過ごす来世のために特別に造られていたものであるが、その他の品々は明らかに彼が生存中に使用し、生涯の宝としていたものである。たとえば、数え切れないほど多くの弓、おおよそ三〇〇本のいろいろ異なったタイプの矢などがそうである。それにまた彼は、ことのほか杖の収集に熱心であったようである。いくつかはごく簡素なものであるが、金で美しく装飾が施されているものもいくつかあった。また飾りもないただの葦といったものも一本あった。その上部には次のような銘文があった。「国王が手ずからお切りなされた葦」と。そしてまた、寝台の下に押しこまれていたのは小さな椅子であるが、これはあ

図35　王がまだ子どもであったとき使われたと思われる小椅子。黒檀製で象牙と金の象嵌がある。

まりにも小さくて子ども以外誰も使用できないものであった。このほかにも投石器と円い小石がいっぱい、そして数々の遊技用具があった。この用具の四角形の表面を使って、大人相手に彼は遊んだのであろう。

ここにあるのは、あの権勢を誇ったファラオ、二国（かつてエジプトは二つの王国、すなわち南北エジプト［上エジプトと下エジプト］に別れていた）の支配者、太陽神「ラー」の息子、神聖なる一人の統治者が、彼の権力と造物主としての王にふさわしく、数えきれない財宝にともなわれ、華麗かつ荘厳に埋葬された岩窟墓であった。しかしそれはまた、一人の人間的な少年の墓であり、同時に一人の少年の関心に満たされた墓であった。ここにはまた、葬礼用品のもつ荘厳な豪華さと対比的に、一人の人間の優しさをなによりも生き生きと感動的に

図36　きれいにされた前室を明示するために撮影された写真。

際だたせるものがあった。壁には、簡素な花輪がいくつかもたせかけられていた。おそらく少女の王妃アンケセナーメンがそこに置いたのであろう。最初カーターは、これらの捧げ物に触れることは不敬であるという意見を認めていた。

カーターをはじめ、キャレンダー、メイス、リスゴーやそのほかの人びとは、細い心配りのゆきとどいた保護管理のもとに、貴重な工芸品や武器、道具などを一つひとつ前室から移動させ、彼らにつづく将来の考古学者たちすべてのために、それぞれのものがどこに、どのように置かれていたかを示す、完璧な、さし絵いりの記録をとった。前室はついに空っぽになった。ただし黒色と金色に彩色された二体の見張り番の彫像と、大昔墓泥棒たちが自分たちの造った突破口を覆い隠すために壁際の低い部分に積み上げた棒きれ（おそらく矢であろう）の山、そして枝編みの円い籠はのぞいて。種々雑多なものを積み上げてつくられたこの山は、バートンが、片づけが終わったこの前室の様子を具示するために、みずからが撮った写真（図36）の中ではっきりみてとることができる。

脇道に逸れてしまう危険を覚悟のうえでわたしは、長い間その真意が見抜けずわたしを困らせつづけたてきたこの山積みに、いまいちど注意を引き寄せたいと思う。カーターは彼の著書『ツタンカーメンの墳墓』の中で、「綿密な調査の結果、少年あるいは細身の男が一人辛うじて入ることができる一つの小さな突破口が、底部に造られ、その穴は後にふさがれて再度封印されたという事実が明らかにされた」と述べている。カーターはまた、再度封印されたこの穴を見ることができる写真も公表した。写真の中で、ほかの箇所よりも色が黒ずんでいる漆喰の部分が、再封印された箇所を示していることが分かる。この漆喰にはおなじみのあのネクロポリスの封印があった。

封印壁を開けるにあたっての準備について記述している章で、カーターは次のように書いている。「二月中旬までには、前室でのわたしたちの仕事は終わっていた。特別な理由から残された番人の彫像を除けば、その部屋にあったものはすべて研究室に移動させ、床はすみずみまで掃きおわり、ビーズの最後の一つ粒、あるいは象嵌の材料の一かけらまで分類しおわった。そしていまこの部屋には装飾品も家具もなくまったくの空っぽである」と。

バートンの写真では、すでに寝台などはすべて運び去られ、あの矢の山の前に置かれていた彩色された宝石箱も移されてしまっている。ではなぜ、カーターの写真（図16）が撮られたときには、それらは移動させられていなかったのかと問う人もいよう。なぜ、それらは墓泥棒た

図37　下方に盗賊によって開けられた穴をもう一度閉じたことがありありとわかる封印された壁の部分。

ちが開けた穴を隠している状態で残されたのであろうか、バートンの写真によれば、その穴は塞がれてネクロポリスの封印もあり、まったく手が触れられていない部分の壁と同じような印象を与えているというのに。いま一度カーターの写真に戻ってみると、再封印された部分は疑いもなくその他の部分よりも色が黒ずんでいることが分かる。三〇〇〇年も後まで漆喰はこのようにはっきりとした色合いの対比を保持しうるものなのであろうか。それにしても奇妙なことである。とくに、盗賊たちが開けたほかの穴、すなわち前室とそれに付属室との間にある穴のように開いたままであったものもあるのに。もちろんのこと、この墓を清掃する責任をもっていた神官が、この墳墓の中でもっとも聖なる玄室に通ずるこの穴だけを再封印したという可能性は大いにあるが、問題はやはり謎として残ったままである。

一九二三年二月十七日、カーナヴォン卿、エヴリン・ハーバート夫人、公共事業大臣、古代遺物局・局長のほか二十人ほどの人びとからなる公式の訪問客の一団が、この封印されている壁の開口式に出席した。壁の低い部分は、カーターと彼の協力者たちがこの封印された入り口のいちばん高い所を壊しはじめるとき、容易にそこに手が届くようにと造られた木製の壇の後方に隠れていた。一団は、いまは何もない前室の中で腰掛け、カーターが、まず初めに封印壁の上方にある木材の鴨居を探し、その後、ひとかけらの石の詰めものも、壁の向こうの部屋の中に落とさないように詰め物をおもむろにとり除いていくさまをじっと見つめていた。

この瞬間のことをカーターは次のように記述している。「…十分ほどたったころであろうか…わたしは懐中電灯を挿入するに…充分と思われる大きさののぞき穴を開けることができた。驚くばかりの光景が目の前に現れた。そこに出現したのは、入り口からわずか三フィート［約九一センチ］あるかないかのところに、もちろんのこと、部屋の封印壁はまだ閉ざされたまま

図38　封印されていた入り口を開くカーター（向かって右）とメイス。

なので見える限りのことであったが、そこに見えたのは黄金の壁が、視野いっぱいに広がって立っている光景であった…わたしたちはそのとき、まさにツタンカーメン王の玄室への入り口にいたのである。そしてわたしたちの行く手を塞いでいたのは、石棺を覆い保護するために建てられた金箔で覆われた美しい厨子の側面であった。いまそれが、ごく普通の照明器具の光でも前室から見ることができるようになったのである。そして石が一つずつ取り除かれていくと、金箔で覆われた表面が徐々に見えはじめる。障害物の背後でこの作業をわくわくしながら見つめている人びとの興奮と、どきどきする、あたかも電流のような心のときめきがわたしたちにもひしひしと伝わった」と。

前室からこのありさまを見つめている二十人あまりの人びとは、わたしたちの時代を生きる人びとが、いいえそれのみではない、おそらくこの三〇〇〇年間に生きた人びとが誰も知ることのなかった経験を、今まさにしようとしていたのである。それは三〇〇〇年以上も前に横たえられたそのときとまったく同じ状態で、眩《まばゆ》いばかりの経帷子《きょうかたびら》に包まれ、いまも横たわっている一人のファラオの玄室に入る最初の人となることであった。この一団の中の一人、アラン・ガーディナー卿はわたしに以下のような目撃の記述を手渡した。

「わたしたちは、何枚もの古代のパピルスに生き生きと詳細に描かれた厨子は見たことがあった。しかし、これはなんといっても実在の厨子であった。厨子は、青色と金色に輝き、第二室の空間を埋めつくしていた。それはほとんど天井近くまで届くほどで、厨子の側面とまわりの壁との間の空間は、二フィート［約六一センチ］も離れていなかった」

「最初にカーターとカーナヴォンが、通路を塞いでしまいそうな身をすぼめ、狭い空間に入っていった。わたしたちは彼らが戻ってくるのを待った。戻ってくると彼らはその中で目にしたものに驚愕し、二人とも言葉もなく両手を高く上げるのみであった…わたしに順番が回って

図39　玄室の中の厨子。

きたとき、わたしはブレスティド教授と一緒であった。わたしたちは通路に身を押しつけながら進み、左に折れた。ということは、厨子の正面の向かいにわたしたちは出たということである。厨子には立派な扉が二枚とりつけられていた。カーターがすでにこの扉の閂《かんぬき》をはずし、開いていたので、この長さ十七フィート、幅十一フィート〔約五・二メートル／約三・三六メートル〕の大きな外側の厨子の中に、これよりやや小さい、同じように二枚の扉があるさらにもう一つの厨子があることがわかった。この扉には封印があり、まだその封印は砕かれてはいなかった。この金箔で覆われた厨子は、ちょうど中国の入れ子式の箱のように、一つの厨子の中にもう一つの厨子という具合で、全部で四つあることが判明したのである。そして最後の、すなわち四つ目の厨子の中に石棺と人型棺があったが、それを見ることができたのはその一年後であった」と。

これにつづいてアラン卿は次のように書き記している。「カイロ博物館に行けば、今日でもこれらの古代遺物は観ることができる。もちろんのこと、今もなお、これらの遺物は壮麗な姿を留めているものの、中には少し輝きを失っている黄金製品もある。わたしたちが初めて墳墓に入ったときには黄金の厨子は、あらん限りの輝きをもって眩《まぶ》しく光を放っていた…玄室の向こう右側に、わたしたちはもう一つの部屋に通ずる入り口を発見した…

その部屋の中には不思議なものがぎっしり詰まっていた。そこには王のカノポス〔防腐保臓

図40　第４の最後の厨子の扉を開く。

図41-1　第2、第3の厨子の扉は金属製のかすがいに通された黒檀の閂で締められ、真ん中の部分は金属製のかすがいに固く結びつけられた綱で固定され、さらに封印されていた。

図41-2　はずされた粘土製の封印。9人の捕虜とジャッカル（11のタイプの中のひとつ)。

処置の間に取り除かれた臓器類を納めた密閉容器）があった。それは金製で小さな四人の優美な女神に護られていた。その内の二人の女神は、あたかもわたしたちの侵入行為に抗議しているかのように、わたしたちの方を肩越しにじっと見つめていた。さらにまたそこには複数の二輪戦車、墓地の守護神である、ジャッカルの顔をもつ神・アヌビス［エジプト神話、オシリスの息子、死者の裁判をつかさどる］の立派な経帷子に身を包んだ彫像が置かれ、そのほかにも数々の蓋付きの丈夫な衣装箱や箱、宝石箱などをふくむ数多くの高価な品々が置かれていた。カーターがこれらの中の一つを開けてみると、一番上には駝鳥の羽子でつくられた扇が置かれていた。その羽子はあたかもつい先ほど駝鳥からむしり取られたばかりであるかのように完璧な状態で残っていた。ふわりと飛び出し、この岩壁に穿たれた墳墓の、たった今開けられたばかりの入り口からかすかに流れこむ新鮮な空気に優しい揺らぎをみせた。これらの羽根は、何世紀もの長きにわたる時の流れに負けることなく敢然と生きつづけてきてくれたからこそ、わたしは今、こうしてこれらのものを見ることができるのである。それは、この王がつい数日前に埋葬されたばかりのように思わせるものでもあった。もちろん数日もすれば、王の遺骸は腐蝕しはじめるわけであるから、前もって石蝋で保護の処置をしなければならないであろうが、初めてそれを眼にしたときには、すべてが申し分のないものであった。それを見てわたしは、いまだかつて経験したことのない、そして二度と経験することなどない感動に包まれたのである」と。

第6章 仲違いと「呪いという言葉」

カーターはどちらかといえばかなり短気であったし、そのうえ彼は真摯な考古学者たちの神経を疲れさせているさまざまな問題をうまく処理しなければならない立場にあったということについては、すでに述べてきた。エジプト政府が送りこんでくる訪問客の流れは途絶えることはなかった。またそれにくわえ、発掘がおこなわれている間この墳墓の中に入ることが許可されているのは、通信社「タイムズ紙」のみであることに憤慨し、毎日墳墓のまわりには、はやるリポーターたちが大勢つめかけていた。そしてカーターと、カーナヴォン、彼ら二人の間には、先にわたしが説明したような理由によって、対立する緊張感がただよっていた。そのおもな理由は、エジプト政府がカーナヴォンに保障した特権を条件に、発見物の一部は自分自身に属するものであると彼が信じこんでいたということである。このことについてカーターは、財宝のすべてはまさしくエジプトの財産であり、そこに残すべきであると主張して激しく反対したのである。

一九二三年二月のこと、カーターは旧友であり彼の後援者《パトロン》でもあったカーナヴォンと言い争いをした。それは険悪な騒動であった。そしてその後、ジェイムズ・ブレスティドの息子チャ

図42　太陽日輪を支える有翼ケペル神スカラベ（カブトムシ）を表すコルセットの背飾り。

ールズ・ブレスティドによれば、「カーターは、カーナヴォンに彼の家を離れ二度とそこには戻らないよう求めた」とのことである。この後、まもなくしてカーナヴォン卿は、感染菌の媒体となる虫に刺されて高熱をだし、病に倒れた。カーナヴォンは肺炎のため、一九二三年四月五日帰らぬ人となった。享年五十七歳であった。時をへずして世界中の新聞という新聞は、彼の死は「ファラオの呪い」であるとセンセーショナルに扱った。さらにまたカーナヴォンは、この墓の監視人たちが計画的に残して置いた遺物の何かで指を刺してしまった、などとまでいう者が現れる始末であった。

いわゆる「ファラオの呪い」は、そののち語り草となり、伝説となっている。いったんこのような銘語が定着し伝説化すると、なんでもかんでも次々と積み重ねられるものである。しかし

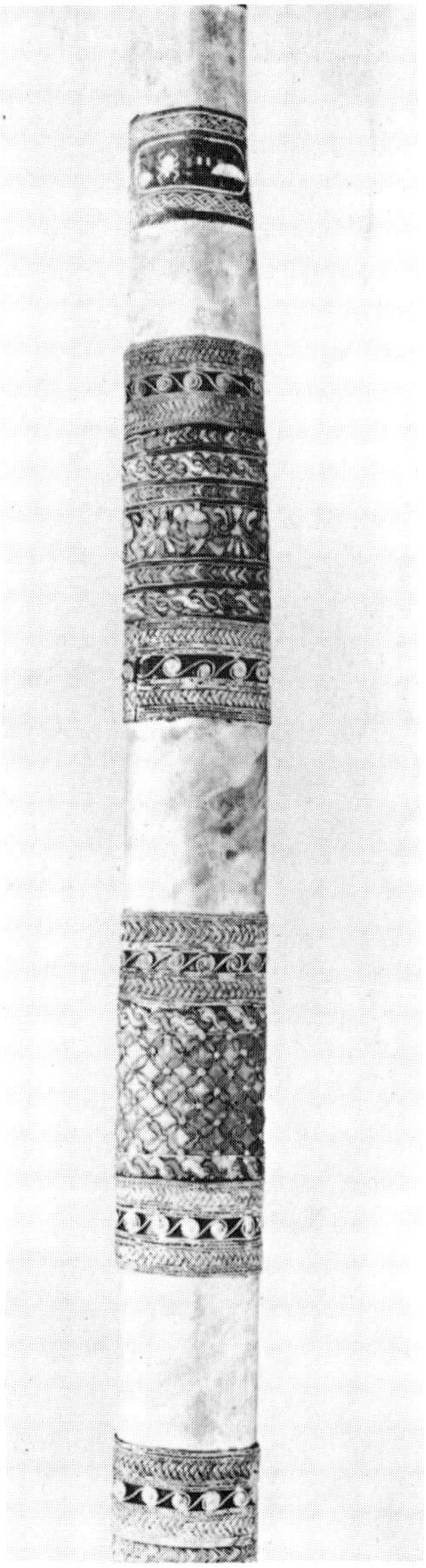

図43　美しく装飾された弓。

事実はどうだったのか。この墳墓が開かれた十年後には、この墓に立ち入った人の一人を除き、全員が生存していた。カーターは、一九三九年まで生きながらえ、六十六歳でこの世を去った。写真家のバートンおよび古代遺物の主任検査官、のちのカイロ博物館の館長、レックス・エンゲルバッハもまた平均的な寿命をまっとうした。エヴリン・ハーバート夫人、現ボウシャン夫人は、この本の執筆中はまだ存命であった。ファラオのミイラの解剖を担当した（それゆえに誰よりも呪われてしかるべきである）ダグラス・デリー博士は八〇歳を過ぎるまでの天寿をまっとうしたし、アラン・ガーディナー卿は一九六三年の十二月にこの世を去ったが、そのときの年齢はすでに八十を超えていた。

　実際問題として、「呪い」などということ自体、まったく馬鹿げたこと《ナンセンス》であり、またそのようにみられるべきである。しかしこの「語り草」自体、いまでは確固たる位置を築き上げていて、わたしが一九五四年にエジプトでデング熱に罹りその結果、膝が二、三週間麻痺したことがあるが、そのときでさえ英国のある新聞社は、「ＢＢＣのプロデューサーである作家が、ファラオに呪われた」という大きな見出しでこのことを報じた（わたしはたまたま、ジャーナリストであった友人の一人に、とてつもなく大きなピラミッドの発掘を観ながらしばらく時を過ごしていたのだとわざわざ伝える羽目に陥ったのである！）。

　このような根も葉もない馬鹿げた話を気にするこれらの人びとは、よほど才知が乏《とぼ》しいにち

図44　王の耳飾りの片方。

がいない。ツタンカーメンの墳墓にまつわる真相の数々は、いかなる小説よりもはるかに奇なりといえるものである。ちなみに、黄金で覆われた見事な四つの厨子と三つの人型棺が納められていた第二の部屋を開けた後、なにが起きたのかについての真実の物語に眼を向けることにしよう。一九二三年から一九二四年にいたる発掘時期には、仕事といえばあの玄室の空間をほとんどあますところなく占めていた四つの厨子を分解し移動させることに専念することであった。これはなによりもカーターの創意に重い負担がかかる任務であったが、これらの厨子は墳墓から取り出され最終的にはまったく損傷を受けることもなくカイロに移された。一九二四年二月十四日、主要な役人たちの面前で、もっとも内部に納められていた厨子の中に横たえられている珪岩［おもに石英からなる粒状の変成岩］でできた石棺の蓋がもち上げられた。見学者たちはこのとき初めて、貴石で象嵌が施され、黄金板で覆われた、木製のファラオの人型棺の光輝を放つ外面を観たのである。

そしてまさにその同日に、ルクソールにある最高級のホテルにおいては次のような通達が出された。

「公共事業部およびそれに属する古代遺物業務部の我慢ならない制約および無礼な言動により、わたしの協力者たちすべてはこれに抗議し、ツタンカーメンの墓の発見に関わる科学的調査に関しては今後いかなる仕事も拒否する。ゆえにわたしは、今朝十時から正午までの墳墓における報道機関の実地見聞がすみ次第、直ちに墓を閉鎖し、これ以後はいかなる仕事もおこなわないことをここに余儀なく公表するものである」

ハーワード・カーター（署名があった）

これは、カーターのエジプト政府との論争における頂点ともいえるものであった。彼の不満の中でもっとも重要な点は、エジプト政府が、彼の指揮のもとに進められている仕事の方法に関し、いちいち取るに足らない説明を求めたり、そしてまた後からあとから波のように訪問客を送りこんできたりして彼を悩ましつづけ、細心の注意が求められる仕事の遂行に邪魔をきたし、カーターがこの厳しい職務を果たすことを不可能にしていることであった。彼はアメリカ人やイギリス人の同僚たちの支援なしにはこの仕事を遂行することなどできなかった。同僚の一人、ブリスティドは彼の著書『過去への先駆者』の中で次のように書いている。「専門的知識をもっている人びとはそれに同意した、彼の態度に、ときには人を傷つけたり、かたくななところがあったにせよ…エジプト政府の対応はあまりにも思いやりのないもので、彼は、やもうえず抗議行動にでたのだ」と。

この通告の結果はすぐに現れた。エジプト政府が墓を管理することになり、訪問客を受け入れるために墓の出入り口はふたたび開かれ、多数の公職の高官やその夫人たちが見学できるよう招待された。花火で締めくくられたエジプト政府のこの行為を目《ま》のあたりにしたイギリスの一ジャーナリストは、「エジプト・ガゼット紙」でこの問題について論評した。「カーターが信頼をよせていた二人のエジプト人の現場主任によって用意された覚え書きは、哀れを誘うようなものであった。この二人は、この墳墓の入り口からさほど遠くないところで自分たちの雇い主の財産の山を忠実に監視し、墓の発見に際しては、たゆまぬ忍耐と誠実さをもってカーターに仕えてきた。事態の急変にもかかわらず彼らの表情からは、墓に入ってゆく不注意きわまりない群衆を見て彼らがどのような悲しい思いをしたか、その顔を見てすぐわかった。この仕事は、彼ら自身にとっても彼らの雇い主にとっても、生涯の労働の中でほとんど神聖にして最高のものを意味するものであったからだ」と。

これらの職人たちのほとんどは、上エジプトのクフトという村からやって来た「クフト人」たちであったということは、ここで記しておくに値することであると思われる。著名なイギリ

図45　石棺のそれぞれの四つの角に守護女神が高浮彫りされているが、これはその一体でセルケト女神。

ス人の発掘者、フリンダーズ・ピートリー卿は、カーターより以前の時代に、使用する職人たちはみなこの村から募っていたのである。今日でさえ考古学的「発掘」のために訓練された最高の、そしてもっとも信頼にたるエジプト人職人は、変わりなくこの村の出身者であるといえる。一九五四年、わたしが見学した故ザカリア・ゴネイムによる埋もれていたピラミッドの発掘に従事した現場監督たちもやはりクフトの人であった。

カーターは、彼の著書、『ツタンカーメンの墓』の中で、不完全な英語で書かれた感動的な

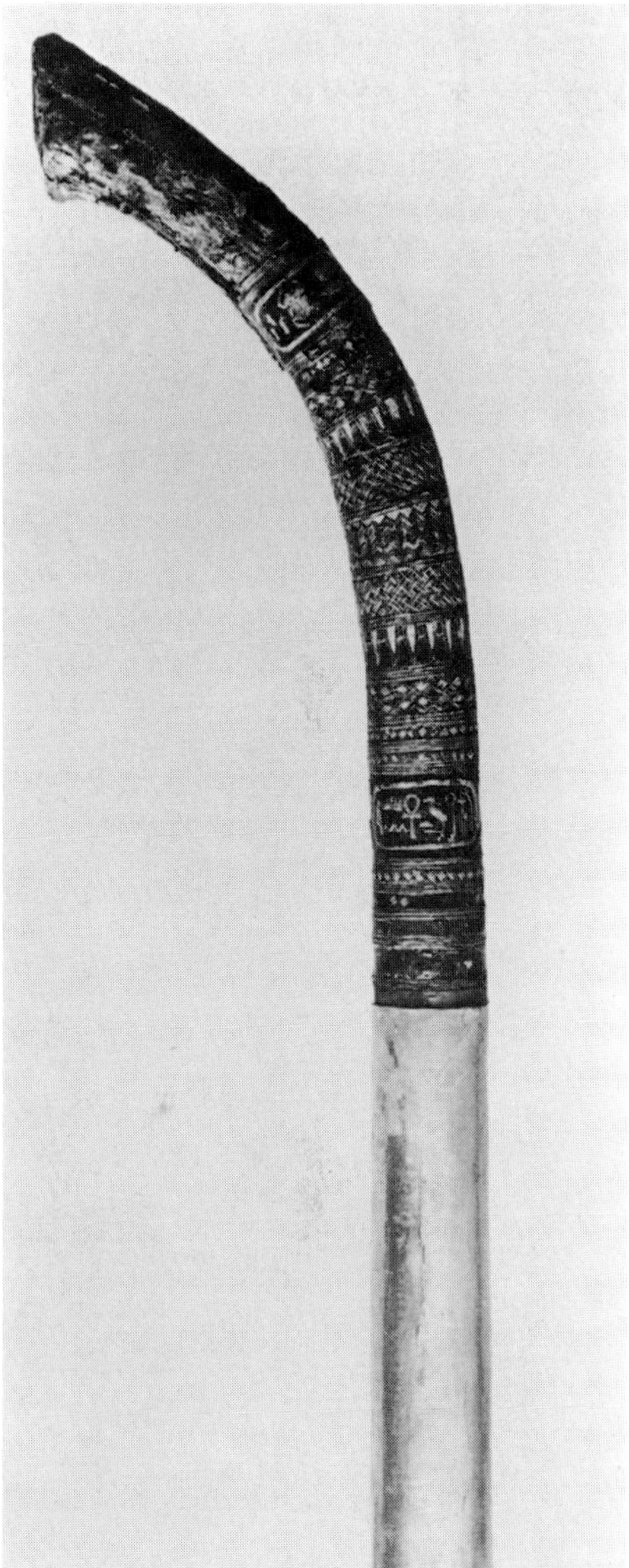

図46　儀礼用杖。

一つの手紙を抜き出しているが、それは彼が墓に再度立ち入ることを官界によって阻止されていたとき、彼の上司から送られてきたものである。それをここにわたしが再度書き記すことは大いに意義のあることである。なぜなら、訓練されて、エジプトの考古学的作業に役立つこのクフトの村びと、おそらくただ瓦礫を籠に入れて運んでいた、「バスケット・ボーイ」時代以来、ヨーロッパやアメリカからの学者たちがおこなう科学的な仕事を手伝いながら生涯を送ってきたのであろうその人びとがもつ忠実さおよび献身と、一方どこでも見られるような大方の官僚たちのように、過度に規約と法規に気遣ってばかりいる小心な政府役人たちのそれとの間には、非常にきわだった差異があることをこの手紙から読み取ることができるからである。手紙にはたどたどしく次のようにしたためてあった。

拝啓、

貴方がお元気であることを願ってこの手紙を書くことをお許しください、そして全能者が貴方を守ってわたしたちのところへ無事に連れもどしてきてくださることを願います。倉庫十五番は大丈夫、財宝は無事、北の倉庫大丈夫、「ワーディエイン」もハウスも大丈夫、そして貴方の仕事の命令は全部、貴方の名誉ある指導に従って進めています。頭《かしら》のフセイン、ガード・ハッサン、ハッサン・アワード、アップデル・アフメッド、それからあの「お住い」の「ガーフィア」［警備員］たちが貴方に宜しく伝えるよう頼んでいます。

尊敬する貴方ご自身にわたしの最高の敬意を、

貴方さまの早いお帰りを心待ちにしながら

貴方の従順な下僕

頭領アフメッド・グルガル

カーターが墳墓にふたたび立ち戻ることなど、一九二四年十一月に起きた古参のイギリス人官吏、リー・スタック卿が暗殺されるというあの悲しい事件がなかったら決して許可されてはいなかったであろう。それまでにカーターは、エジプト政府に対して訴訟を起こしていた。しかし、カイロにあるリー・スタック卿の家の玄関口に通ずる階段で、犯人が彼を狙撃した瞬間、その当時までエジプトのさまざまな事柄におよぼしつづけてきた影響力を放棄しようとしていたイギリスの政界であったが、断固とした統制を再度取り戻すという形でその怒りをあらわにした。その二次的な結果として、ツタンカーメンの墓に関する法律上の対立は忘れ去られ、カーターは墳墓に戻ることを許されたのである。

こうして頭領のアフメッド・グルガル、頭のフセイン、ガード・ハッサン、ハッサン・アワード、アッブデラル・アフメッド、そしてそのほかの彼の忠実な「ガーフィア」［警備員］たちは、自分たちの雇用主の帰りを待つことになったのである。細い鉄格子がこじ開けられ、カーターはふたたびあの死せるファラオの御前に立った。そこでは、以前人型棺を保護するためにカーターが置いた一枚の板ガラスのスクリーンの下に、三つの人型棺のもっとも中にある棺の中にファラオがいまも横たわっているのが見られた。この岩を穿って造られた部屋の中には、偉大な考古学者と彼の助手たちの足音がエコーとなって響きわたった。

この瞬間のことをカーターはノートに記している。

「わたしたちはふたたび玄室に入った。わたしたちの強力な電燈が珪岩で

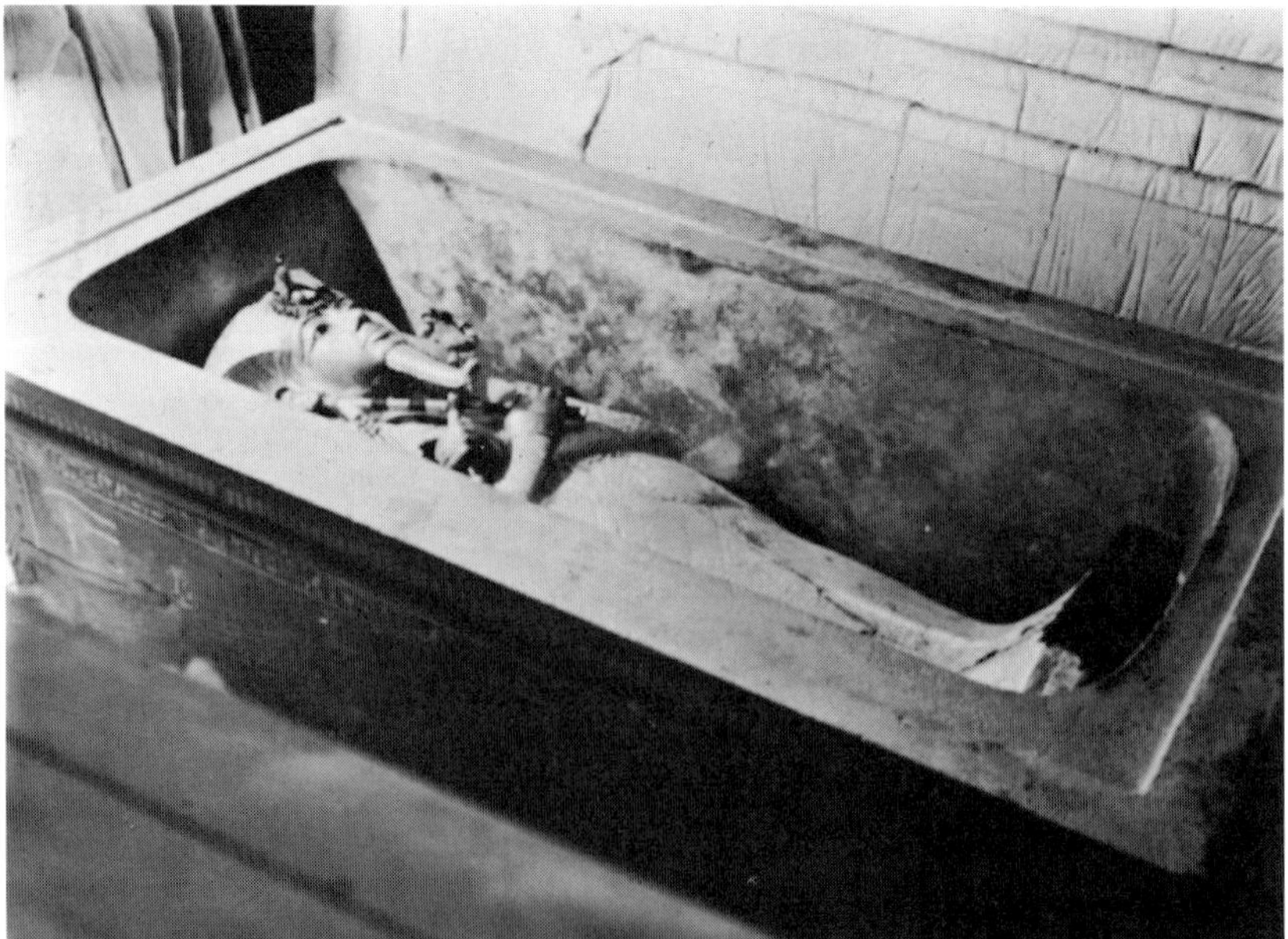

図47　亜麻の覆い布が取り去られたあと、石棺の中にみられる一番外側の人形棺。

できたこの立派な石棺をふたたび照らしだした。板ガラスのスクリーンの下には…黄金貼りの人型棺の外面が姿を現した。それは、目にした瞬間に人の心をつかみ、情動をさそう。そこには古代の神々の影が漂うばかりで世俗的な親みなど微塵も存在しえない…」と。

しかしカーターにとって非常に辛く心を痛める瞬間があった。玄室が初めて開けられたとき、内側の厨子の上にゆったりと掛けられていた亜麻の繊細な覆い布［棺に掛ける布］を見つけた。カーターはその厨子の中に納められている石棺を取り出すためには厨子を覆っているこの布を取り除く必要があったのだ。ところが、彼のいない間にエジプトの役人たちは、その覆いの布を、安全が確保される墓室内の他所に移動させるべきであるにもかかわらず、それを屋外の強い夏の日差しの中、急ごしらえの小屋の中に放置していたのである。カーターが戻ったときには三〇〇〇年もの長い年月をへて残存していた、ほかに類をみない貴重

図48　１台の戦車の上部にみられた透かし彫り細工の意匠。

なこの布は、あっというまにぼろぼろになり、いくつかの小片と化していた。当時の一新聞解説者は次のように書いている。

「カーター氏の動揺は激しいものであったが、次の一言《ひとこと》を吐きだすことで気持ちをおさめた。〈ええ、いずれにせよそれは貴方たちの覆い布でわたしのものではありません…しかしそれはこの世界でただ一つだけのものでしたよ〉と」

第7章　三つの人型棺

初めて玄室が開かれたとき、そこに入る特権をえた数少ない幸運な人びとの中の一人、アラン・ガーディナー卿が、「わたしたちはこのようなものを古代のパピルスの中で見たことはあるが、ここに本物があった」といったということを、ここでいま一度記憶に留めておけば、また役に立つことであろう。

古代のエジプト人たちは、自分たちの墓の壁に、とりわけ王家以外の有力者たちの墓の壁面によく見られるが、彼らの日常生活にとってなじみ深い光景を描くことを好んだ。たとえば、テーベにあるレクミラという名の一人の著名な役人［トトメス三世からアメンヘテプ二世時代の宰相］の墓では、職人たちが、いわゆるわたしたちが葬礼用品とよんでいるもの、すなわち、

図49　第18王朝のある貴族の墓の壁にみる石棺の一例。墓主は妻とともに供物台の前に坐っている。

厨子、彫像など王家の葬礼を意図するような品々を作っている光景が見られる。レクミラは、たまたまアメン神に関する王家専門の工房の監督官でもあったからであろう、墓に描かれた絵の中には、彼が職人たちの働きぶりを監督している姿が見られる。職人たちの中には宝石箱を作る者、花瓶を作る者、それにくわえて、雇い主の承認をえてトトメス三世（ツタンカーメンの先祖の一人）の像を作っている者まで見られる。このことこそアラン卿の「わたしたちはこのようなものを見たことがあった」という言葉の意味するところであった。それはたんに古代のパピルス（パピルスは彼自身の研究テーマであった）の中だけではなく、墓壁の上にも描かれていたのである。ツタンカーメンの岩窟墓の発見は、心を魅了するものであったが、それはハインリヒ・シュリーマンがギリシアのミュケナイで当時まで知られていなかった王や王妃たちの墳墓を発見したときに世界を興奮させたような、あるいはまた一

図50　第３（一番内側）の黄金の人型棺は亜麻の覆い布と花のカラーレットで覆われていた。あたかも第２の棺の殻の中に抱かれているかのように。

八九九年にアーサー・エヴァンズ卿が、紀元前二〇〇〇年に遡る歴史をもつクレタ島のクノッソス宮殿の遺跡に遭遇したときのような、「未知なるもの」といった要素はなかった。ミュケナイやクレタ島には歴史を裏づける文字による記録もなければ絵による記録もなかったが、古代エジプトには、それがあったのである。

しかし、カーターがツタンカーメンの埋葬地を見つけるまでは、いかなる人間も、三〇世紀以上も前に狭い部屋に設置された、黄金貼りの木製の厨子という快適な避難場所の中に安置されたまま、無傷で墓泥棒に邪魔されることもなく存在しつづけてきた、複数の人型棺など目にしたことは一度もなかったのである。なぜ、"coffins"（複数の人型棺）なのか、なぜ一つではないのかと、誰しも驚かれるのではないだろうか。一柱の神であるこの王の身体を保護する策の一つだとしても、この数になにか宗教的意味があるのではないかとも考えられるが、わたしたちにはそれ以上のことはなにもわからない。

一九六三年、一〇〇歳で他界した、著名な考古学者であり、人類学者でもあったマーガレット・マレイ博士は、かつて古代人にとっては「7」が「幸運な数」であったとわたしに指摘したことがあった。外側には四つの厨子、その中で護られている三つの人型棺があり、それぞれの人型棺はひとまわり大きい人型棺の中に入れ子状に重ねられている。数としては、これらすべてで「7」になるが、これらの数の合計がこの説にたまたま符合するのかあるいは故意にそうされたのかは、わたしたちにはわからない。

このようにしてカーターは、辛くて骨の折れる彼の任務の最終段階、すなわちそれぞれに入れ子式に納められている二つの人型棺を開けるという仕事にとりかかった。これらの人型棺を開ける作業は、カーターの創意に富む問題処理能力に重い負担をかけるものであった。彼がいうには、それぞれがぴったりと外側の棺の中に納まっていて、その隙間に細い指を入れることすら不可能であったとのことである。そのうえ、葬礼の際におこなわれる神事によってすべての棺の上に注がれた香油がセメントのように凝固してしまっていた。問題は、魚の鱗のようにきらきら光を発する小さな半円形の黄金の上にとり付けられている紅玉髄やラピス・ラズリの繊細な象嵌に損傷をあたえることなく、中の棺を一つずついかにしてとり出していくかであった。

このような緊張のうちに過ごした日々についてカーターは次のように記している。「何もかも上手く進められているように思われたそのとき突然、ビシッという音を耳にした。表面に使用されていた装飾品の小さな断片がぱらぱらっと落ちた。神経の高ぶりはほとんど最高潮に達した。いったいなにが起きたのか。狭い空間とはいえ、人が立つことができる場所はどこもかしこも大勢の人びとで塞がれ立錐《りっすい》の余地もなかった。万事窮すという危険を避けるためにはいかなることが必要とされるのか」と。

カーターの忍耐と熟練された技術のお陰で、これらすべての問題は乗り越えることができた。紅玉髄やラピス・ラズリそして金箔で作られた紋章のあるすべての人型棺のうちの二番目および三番目の棺が、それぞれに納まっていた外側の大きな棺の中から取り出された。各棺はいわゆる「人形《ひとがた》」、すなわちミイラになった人間の形に合わせ、造られていて、それぞれの上蓋には、両腕を胸の上で組み合わせ、古代エジプトの王家の象徴である王笏《おうしゃく》［ヘカ］と殻棹《からさお》［ネケク］をもっている少年王の姿があった。そしてまた各棺の上部には、付け髭《ひげ》［先端の曲がった神の髭］と頭巾をつけ、さらにファラオの額の上に下エジプトを表すコブラ、すなわち聖蛇形章と、上エジプトの統治権を表す禿鷲・ウラエウスという二つ象徴をあしらった頭飾が表出されていた。

このような君主の象徴は、ツタンカーメンが生まれる一〇〇〇年以上も前からファラオたちの王冠に付けられていたものであり、それはエジプトが南北の二王国に分けられた紀元前三〇〇〇年よりも前、遥かに遠い時代の記憶であったのだ。

二番目の人型棺の中には三番目の、すなわち最後の棺が容れてあった。この棺がその姿を現したとき、発見者たちは畏怖の念に圧倒された。というのもこの三番目の人型棺はすべてが黄金で造られていて、あまりにも重く、もち上げるのには四人の男性が必要であったからである。棺の蓋は、輝かしい王家の表象をすべて身につけたファラオの姿を表わしていた。その顔の部分はまさに一つの肖像であった。その下方には彼の交叉した両腕があり、その手にはここでも同じように王笏と殻棹が握られていた。この黄金で造られた人型棺は才能豊かな職人の一大傑作ともいうべきものであった。輝く金属の中に施された象嵌は、きらきら光る紅玉髄とラピス・ラズリが模様をなし、これらごく小さな数々の石は細心の注意をはらって一つひとつ埋めこまれていたのである。左右交叉した両腕の下方には、あたかもこの若きファラオを護るかのように、翼で彼の身体を抱いている気高く美しい二人の女神の姿が、この黄金の人型棺の上に刻みこまれている。これを見つけた人びとは驚きとともに畏れを抱き、その眼はこの驚くべき

図51　ミイラを納めたもっとも内側の純金の棺。

姿の出現に釘付けにされた。カーターが自らの著書の中で語っているように、「わたしたちはあの死せる王のまさしく御前にいたのだ、わたしたちは彼に畏敬の念を払わねばならない」と思われたのである。

この発見をなし遂げたこれら光栄ある人びとの、さまざまに交錯する感情を想像することは容易なことではない。彼らは、一人のファラオ、いままでに人が発見したファラオの中でも、その王が死したのち安置されたその墓の中で、そしてまたそのときのままの人型棺に横たわる姿で、手つかずのまま発見された唯一の王の埋葬所に遭遇したのだ。遥か遠い時代の神官たちは、後で分かるように、たとえツタンカーメンがあまり重要ではない、いわゆるマイナーな王であり、しかも衰退しつつある人気《にんき》のない王朝のほとんど最後に位置する王であったにしても、王家の遺骸をずば抜けて慎重に監視し保存してきたのだ。

そしていまここで、二〇世紀の科学者たちは、死せるまま長い年月ここに横たわっていたこの王に対する尊敬と畏れと、純金の人型棺の中に横たわる王の遺体に対する好奇心の狭間で決心がつかないまま立ちすくんでいた。ツタンカーメンの遺体は、セティ一世やラメセス三世のそれのように上手く保存されているのか。ミイラを包んでいる布を、いったん剥がしさえすれば、王の実の姿が見られるのだろうか。結論としては、疑問の余地はないと思われる。第二番目とその中にある人型棺がこの墓から、いまもなお研究室としてカーターや彼の仲間たちが使用しているセティ一世の墳墓へと運ばれ、棺の蓋が移動させられて最後の仕事、ミイラを包んでいる布を取りはずす作業が始まった。外科医であり、解剖学者でもあるデリー博士がその傍らに立って、あたかもつい最近のものを取り扱っているように、また三〇〇〇年以上も前のエジプトの支配者の遺体ではないかのように、王の遺体の解剖、すなわち「検死解剖」をおこなった。科学とは、かくも無慈悲なものである。

第8章　姿を現したファラオ

この黄金製の人型棺の蓋は「実《さね》はぎ方式」［片方の板材を、もう片方の板材の溝に差しこんで二つの板材を接合する方法］を用いて人型棺の底にしっかりと固定され、安全に護られていた。考古学者たちがこの蓋をはずしたとき、セティ一世の墳墓の中に設置された輝かしく明るい電光に照らされて、入念に布で包まれた王のミイラが彼らの眼前に横たわっていた。その中でも、もっとも素晴らしいのは、この若き君主の肖像を表現した黄金製の頭部である。それはこの外側にあった人型棺の上にあったものと同じように、やはりラピス色の青い象嵌がある頭巾を被り、額の上には王家の象徴である聖蛇（コブラ）と禿鷹の付いた頭飾を着けていた。この写真［図52］からもわかるように、古代エジプトの金細工師の手になる芸術の名にふさわしいこの

図52　側面からみたツタンカーメンのマスク。

非凡な作品は、チェッリーニ［一五〇〇年〜七一年、イタリアの著名な彫刻家であり金細工師］や、ルネサンス時代の優れた金細工師たちと並び立つに値するという思いに駆られよう。

　恐怖を覚えるほどの驚きから立ち直った後、考古学者たちが向き合わねばならなかった問題は、この黄金製のマスクの下からミイラをとり出すことである。それが恐ろしく困難な作業であることはわかっていた。三〇〇〇年以上前に王の亡骸が人型棺の中に納められたとき、葬礼用の香油がこの上に注がれ、それが凝固して強力な糊のようにしっかりとこのマスクを棺の底に付着させてしまっていたからだ。そればかりか、また同じ香油（カーターの試算によれば、バケツ二杯分の液体がこの棺の中に注がれた）が、この黄金製の棺を外から第二番目の木製の人型棺に付着

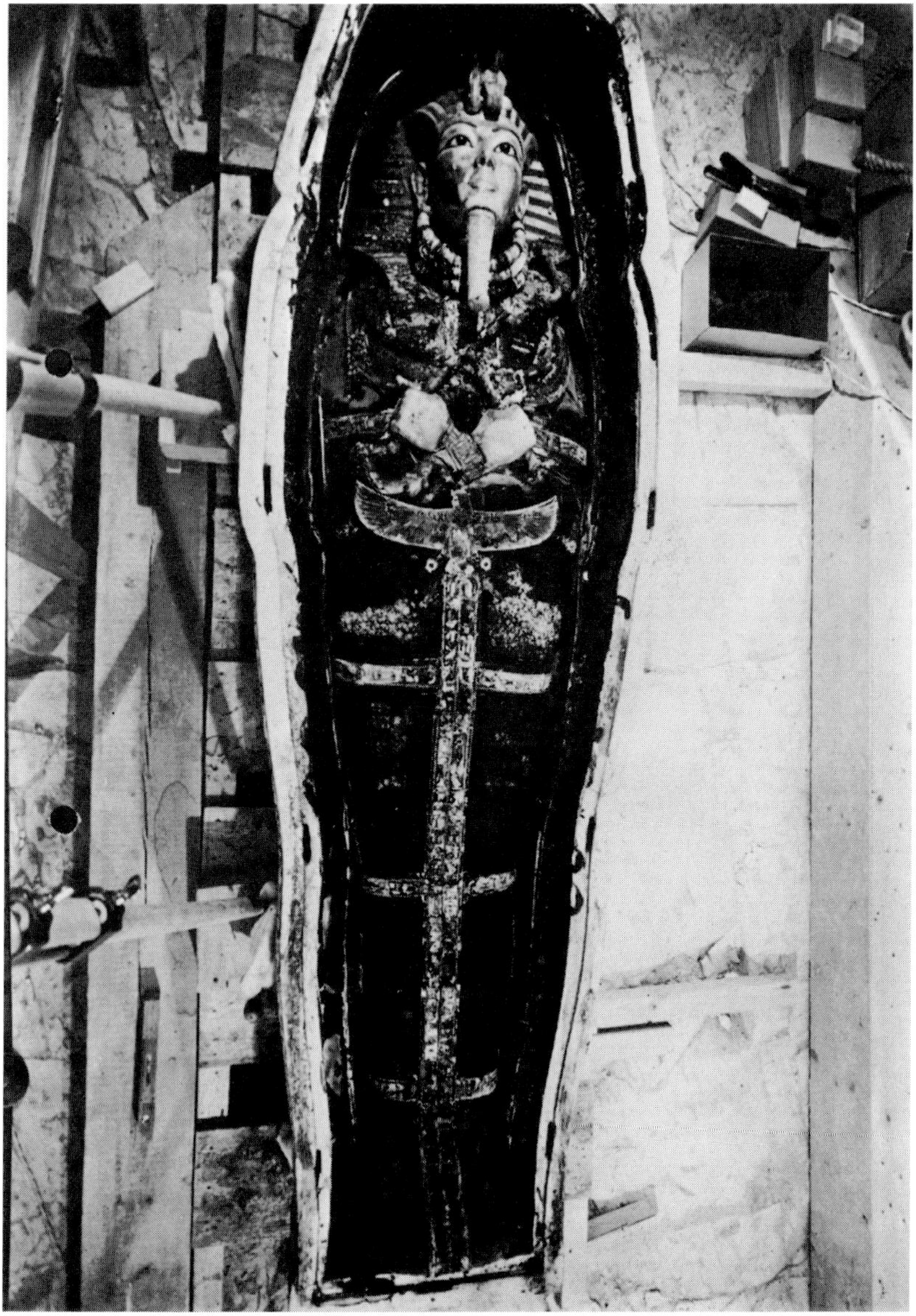

図53　初めてみられた王のミイラ。

させてしまっていたのだ。

これこそ大問題であった。いかにしてこの二つの人型棺を分離させるか、また、いかにして黄金のマスクを取りはずすか。発掘者たちは最初この二つの人型棺をエジプトの強烈な太陽のもとにさらしてみることにした。しかし効果はなかった。カーターの最終的な解決法、創意工夫の果ての名人芸は後で学ぶことにしよう。一方では、ダグラス・デリー博士がミイラを黄金のマスクの下から取り出し、それを包んでいる布をとりのぞきはじめた。その後、ミイラの骨格を詳しく調べた。ここに彼自身の記述がある。これは一九四九年にわたし（著者）のために彼がわざわざ抜きとってくれた記録である。

「この若き王の肖像を表している純金のマスクは、頭と両肩の上から身体の真ん中あたりまで届くほどだった…このマスクは、ある種の樹脂処理が施され、人型棺の底にしっかりと固定されていた…ミイラは人型棺の底にのりづけされていたのだ。それは、わたしが遺体を人型棺の底からはずし、乾燥して岩のように固くなった樹脂で人型棺の底に固定されてしまっていたマスクから頭と両肩を引っ張りだすことができた日の数日前のことであった…実際に王のミイラの布を取り去った者として、呪いがあるとすれば、このわたしにいちばん重い呪いがかけられるはずであるから、いちばん初めに死ぬのはわたしである。しかしわたしはこのようにあれから二十六年も生き残り、今七十四歳である」

実際にデリー博士は八十を超えるまで生存された。

徐々にミイラの布がとりのぞかれていくと、次第にファラオの身体はさらに金や宝石でけばけばしく飾りたてられていることがわかった。金と貴石でできた襟飾りが王の首のまわりに付けられ、指にはきらきら光を放つ数々の金の指輪が、足の指の爪先には小さな金のサックがは

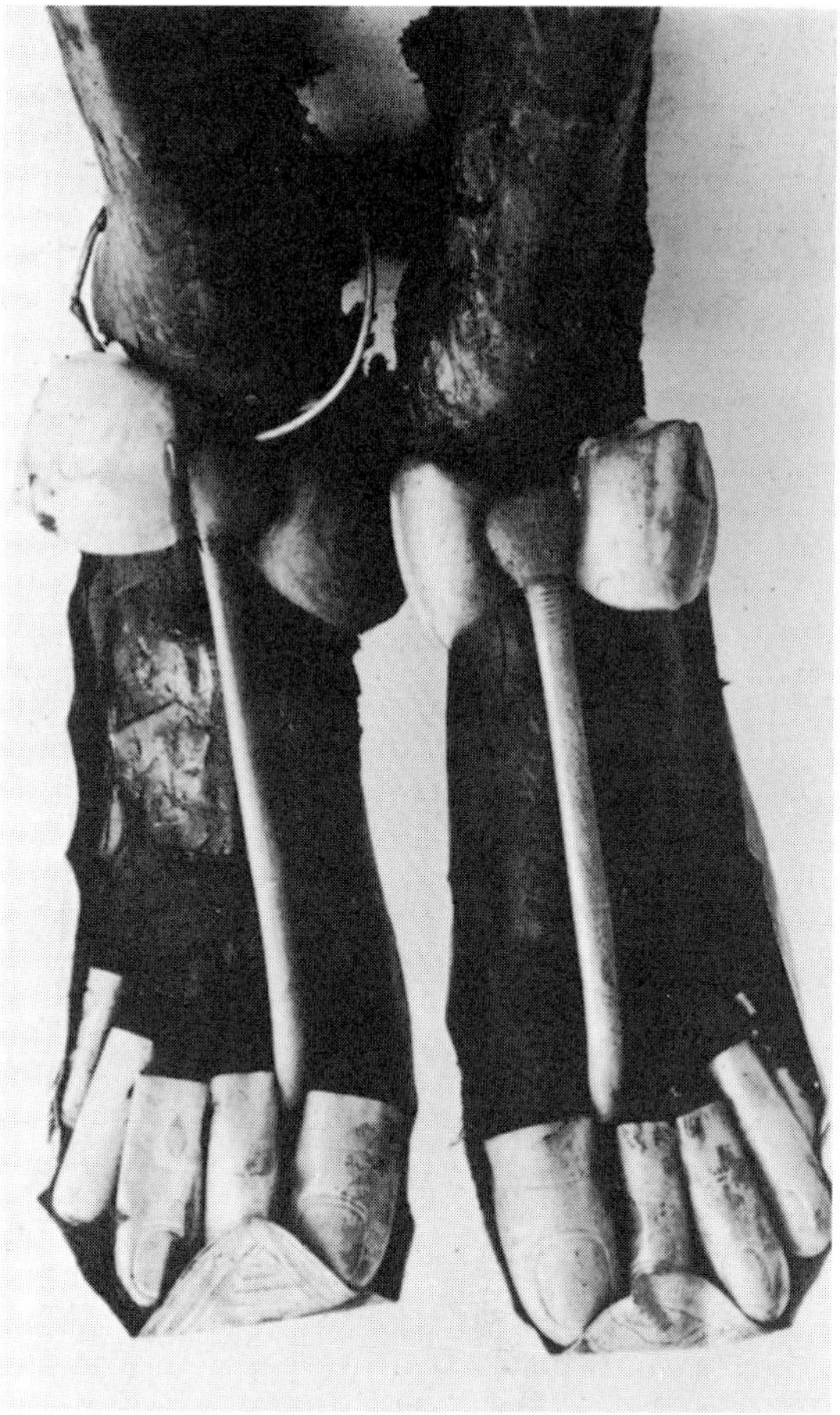

図54　両足には金のサンダルが履かされ、爪先には金の指サックがつけられていた。

められていることがわかった。そして彼のほっそりとした身体のまわりには重い金製の飾り板でできた官位をしめす装飾品が付けられていた。その飾り板の上には、この王を歓迎する神々と女神たちの唱文があった。彼が他界したのは、おそらく十七歳か、もしくは十八歳くらいであったろうと思われる。彼は死後、黄泉《よみ》の国にはいり、神々の仲間に加わった。エジプト人の信仰によれば、ファラオはラーの息子、すなわち太陽神であり、死して神々の中に加わるということである。

神々の呪文は美しくまたひどく心打つものであった。

女神ヌトは、かく語れり…

我、汝の良きことを数えあげる、おー、オシリスよ、ネブ・ケペルウ・ラー王よ、

汝の霊魂は不滅なり、汝の血管［生命エネルギーの象徴］は堅固なり、

汝、大気［生命の創造的息吹で無限・天国・魂などを象徴する］の香を感じ、

一柱の神、アトゥムとして旅立つ、

おー、オシリスよ、ツタンカーメンよ…

大地の神、ゲブは言う…

わが愛する息子、オシリスの玉座を継承する者、ネブ・ケペルウ・ラー王よ、
汝が気高さは完全なり…汝が王宮は威厳に満ち…
汝が普遍性は生者の言《こと》の葉《は》にある、
おー、オシリスよ、ツタンカーメンよ…

このほかにも二、三の唱文があるが、これらの銘文はなにを意味するのであろうか。これは、ツタンカーメン王の不死を保証するものであると信じられている呪文であった。オシリスは、もともと死せる王たちのエジプトの神であり霊魂の裁きをつかさどる神であった。しかし、時の流れとともに王という王がすべて（また実際には、金銭的にも余裕があり墓を造ることができる者ならば誰でも）名前だけの「ただのオシリス」になってしまったのである。ちなみに、ネブ・ケペルウ・ラー［威厳あるラーの顕現］という名は、王家の名称の一つで、それはツタンカーメンのもう一つの名［即位名］であった。とくに彼の身体の物理的保存を強調した文は、「汝が血管は堅固なり」などである。またほかの原文には、「汝が心臓は永遠に汝が身体に宿る」とある。このことは非常に大切なことである。なぜならば、古代のエジプト人にとって知性と感情の源泉は、脳ではなく心臓であったからである。

この痛ましい小さな身体がついにその姿を現したとき、それはほんの「十代の終わりに近

い」少年のそれであることをはっきりと示していた。頭蓋骨は王家のほかのいくつかのミイラのそれと同じようには、申し分なく保存されていたわけではなかった。しかし、解剖医学者を満足させるだけのものは充分残っていた。この黄金のマスクを制作した知られざる天才が忠実にこの死せるファラオの姿を肖像化していたのである。何が原因で彼が若死にしたのかは、いまもって不明である。

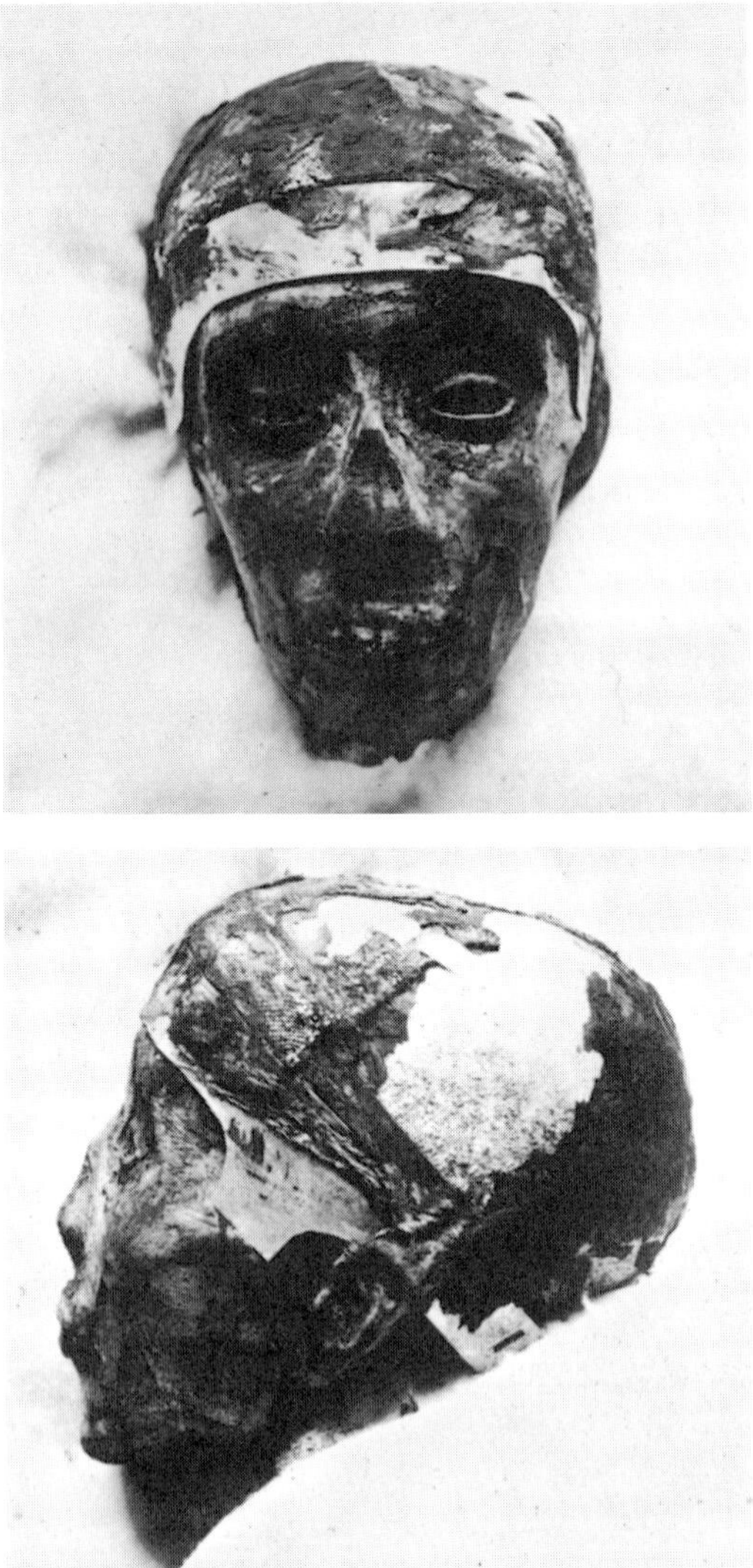

図55　上・ミイラの頭部正面
下・ミイラの頭部側面。

次の問題は、この純金で造られた豪華な人型棺を、いずれの棺にも損傷を与えずに第二番目の木製の人型棺からとり出す作業であった。カーターは結局、この黄金の人型棺の内側に亜鉛板を使って線引きし、その後、「うま」［台を二つ並べて、板をその上に渡しテーブル状にしたもの］の上に重なったままの二つの人型棺を上下逆さまに置き、その下から灯油ストーヴで温めることに決めた。彼の案は功を奏して樹脂は溶け、二つの棺を分離することに成功した。しか

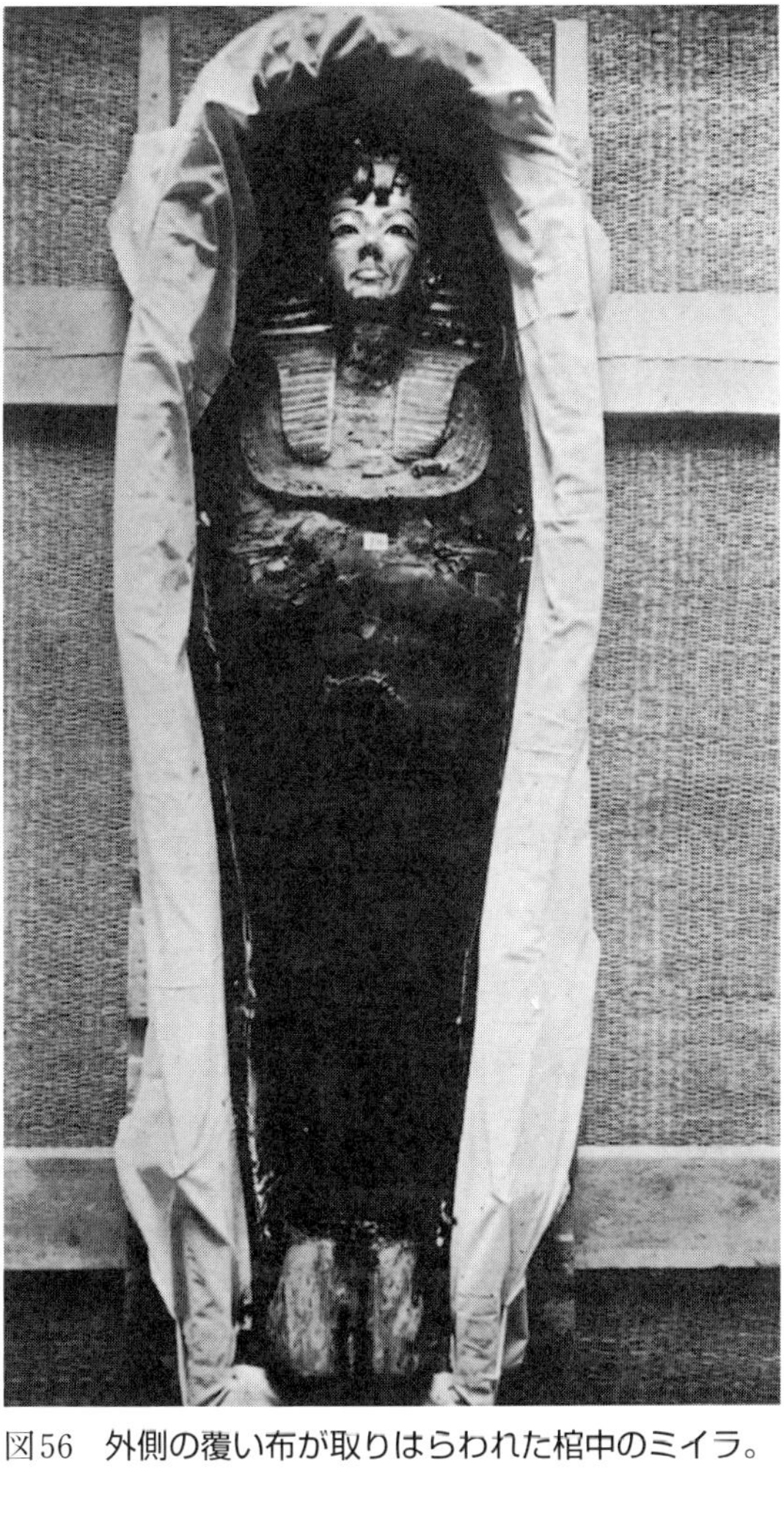

図56　外側の覆い布が取りはらわれた棺中のミイラ。

しそれは油断ならない作業であったことはいうまでもない。木製の棺は、水を充分含ませた毛布で覆われ、カーターが、石油ストーヴの温度を一定に保つようつとめたため、ストーヴの熱が亜鉛の溶解度（すなわち摂氏五二〇度、華氏九六八度）にけっして到達することはなかった。

最後には、石棺の中に置かれていた一番外側の木製の人型棺が、頭上式の足場から吊された滑車付き昇降機によってもち上げられた。これもまた棺にいかなる損傷もあたえることなくとり出すことに成功した。この人型棺は、内側にあった黄金の人型棺および黄金のマスクとともに今日エジプトのカイロ博物館に安置されている。すべての作業が終了したとき、ツタンカーメン王の遺体は、うやうやしく第二番目の人型棺の中に横たえられ、彼の墳墓の中に安置されていた石棺の中にふたたび戻された。王は、今もなおその場所で眠りについている。

第9章　伝説と事実

この幻想を誘う物語には、舞い上がるようなロマンスと重々しい現実とが混じり合っている。富と権力をすみずみまで漲《みなぎ》らせ、不死なる陽光へと歩みだし、親しき神々に迎えられる神にして王たる者の威光と、解剖学者によって科学的な調査を受けるミイラの包帯にくるまる骨の塊との対照ほど胸打つ光景はない。確かにこの二つの世界のあいだに存在する相違は、わたしたちの世界と古代エジプトのそれとのあいだの特徴的な相違ほどではないようにみえる。彼らの統治者の身体を保護するためにエジプト人たちがはらった細心の予防措置、「王の巨額の身代金」、すなわち呪文への信仰、芸術品としてではなく王の富のしるしとして、また来世においてもその富を享受しつづけられる保証として絵画と彫刻の有効利用、こういう言い方にまこと

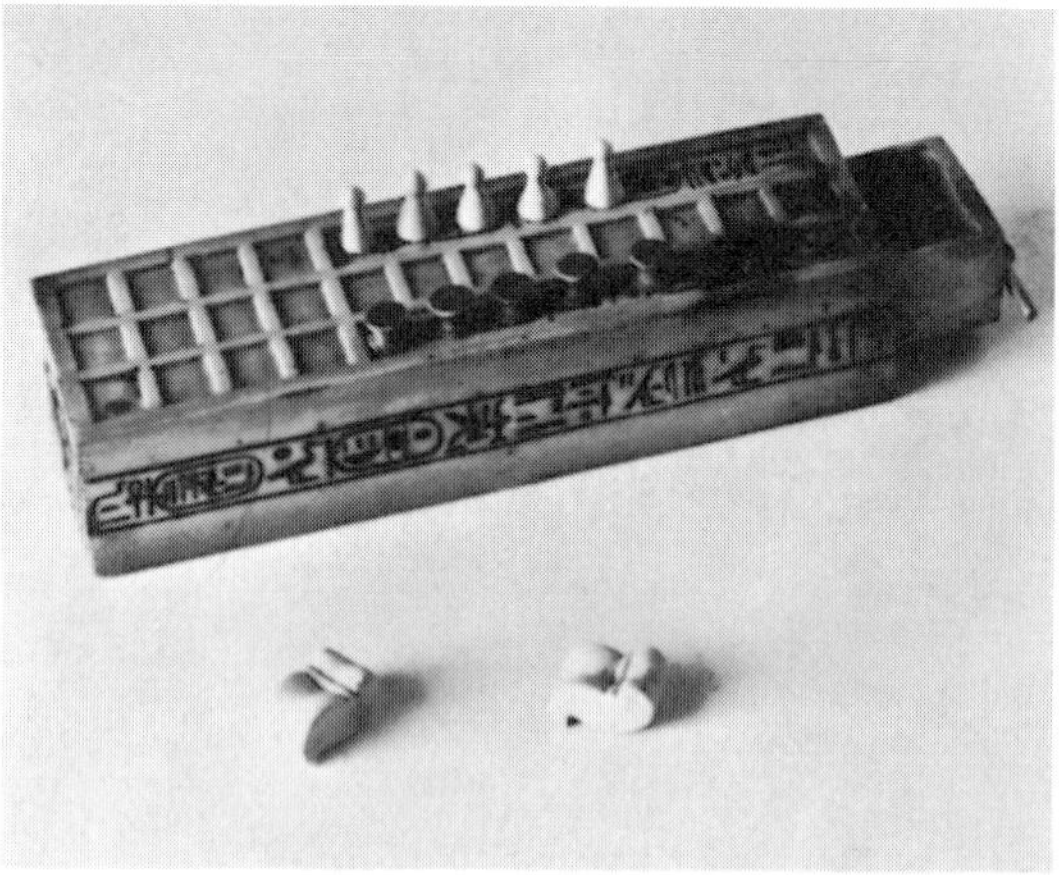

図57　王のゲーム盤のひとつ。

にふさわしい富を副葬するという慣習、これは自分の世俗的身体の運命について比較的冷淡なわたしたちの在り方、呪術的なものではなく、科学的に確証された事実への信頼という姿勢とはきわめて対照的である。なんたる違いであろうか。

とはいうものの、古代のエジプト人たちとわたしたちは、どうみても不可思議なことを信じている点ではなんと似ていることであろうか。たとえば、ツタンカーメンの墓で発見された遺物を見てみよう。黄金の輝きを発するものの中に、普通の人間が使用する物も多々あった。子どもの遊び道具、女王ティイの頭から外されたと思われる髪留めの形をした「形見」などがそうである。若き王と妃アンケセナーメン、彼らは玉座の背を飾る浮き彫りに見るように年端もゆかぬ二人であったが、互いの間に交わされた優しさと愛情の明らかな証拠もみてとることができる。これら数々の王位の象徴と一緒に、それぞれの人型棺の中に納められた死産児二人の遺体があった。それはアンケセナーメンが二度身ごもった証拠でもある。そうだとすれば、おそらく、そしてほぼ確実だと思われる

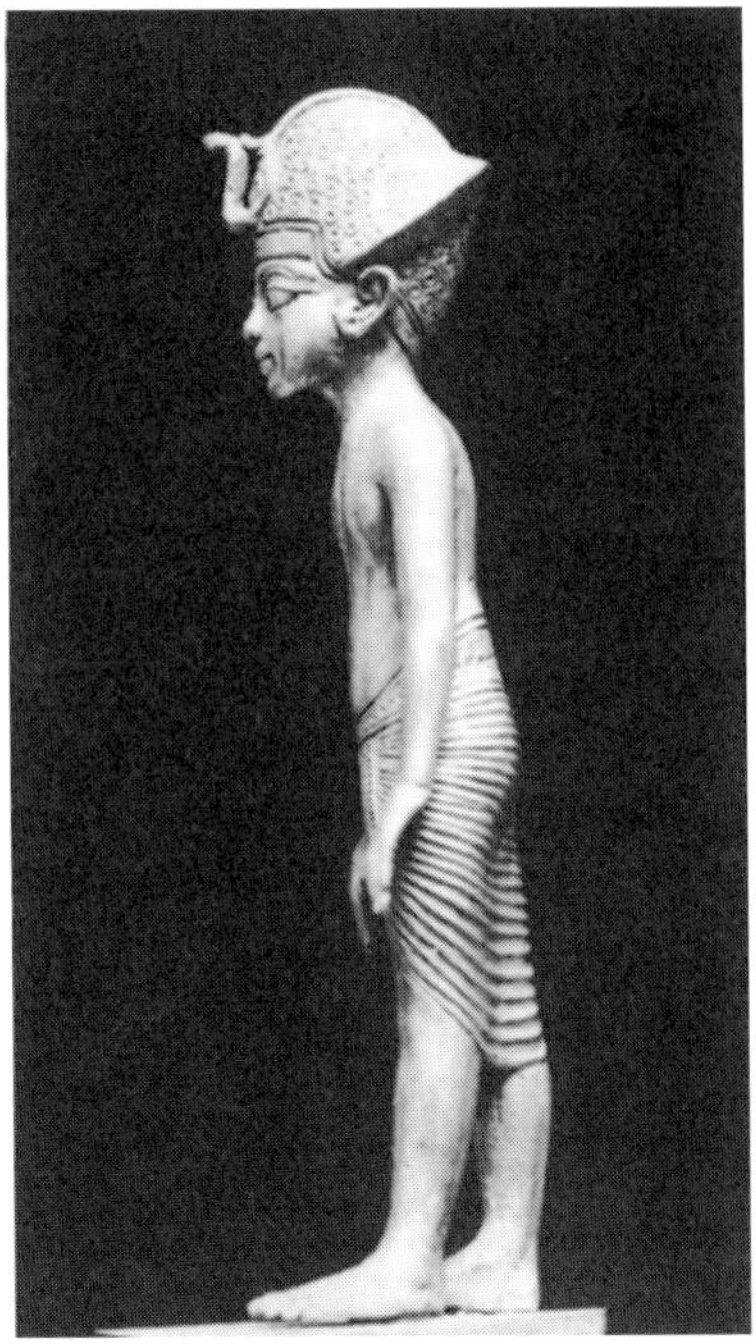

図58　少年ツタンカーメンの小像側面（図1も参照）。

ことは、彼女は子なき寡婦として後に残されたということである。本書の最終章でわたしが語る物語で重要となるのはここのところだ。

わたしたちの科学的世界に立ち戻っていえば、ツタンカーメンの埋葬品の発掘に関しては恥ずべきことはなにもない。ただし発掘をめぐる下らない不必要な論義、その操作を誤れば訴訟沙汰になったかもしれない論議を除いてのことであるが。もしこの墳墓がよくあるエジプトの不法発掘者、つまり墓泥棒によって発見されていたとしたならば、他のすべての王の埋葬所がたどったように、もっと多くの価値ある遺物のいくつかが市場に売りはらわれたか、あるいは多くのものは金《きん》のために壊されたであろうし、きわめて大切な歴史的情報の多くが永久に失われてしまったことと思われる。

もう二度とはありえない類い稀なこの発見は、カーターとカーナヴォン卿の忍耐、強い決断および熟練のたまものであり、まさにこのうえもなく厳格な、そして科学的な管理のもとで現実のものとなったのである。それと同時にすばやくイギリスとアメリカの専門家たちがそれぞれの領域で仕事を始め、遂行したその結果があればこそ、今日カイロを訪れる人は誰でも、墳墓で発見されたすべての遺品が喪失から護られ、往昔の輝きのまま展示されている一連のギャラリーを見てまわることができるのである。

ここでは、とくに二人の方の名を挙げて触れておかねばならない。その一人は先の博物館長でイギリス人の故レックス・エンゲルバッハ氏である。遺品の配置と展示に主として責任を負ったのはこの人である。もう一人は化学者のルーカス氏である。ひととき博物館の科学顧問でもあったが、彼こそ計測の責任者で、きわめて壊れやすい遺品の保護をも同時になし遂げた人であった。遺品の継続的な保存・保護は、現在はエジプト政府の考古局の管理下にある。

さらにはまた、アメリカの優れた専門家たち、リスゴー、バートン、ウィンロック、メイス、デリー博士、アラン・ガーディナー卿、それに植物学者として参加し、墳墓で発見された花束など花の献納物の花種の鑑定に従事したパーシー・ニューベリー教授の名も記しておきたい。

彼らのうち三人は、わたしの個人的な知り合いだが、最初に墳墓に入ったわずかな人も一人また一人と世を去った。彼らがごく限られた人に語り残したことも貴重であるが、彼らの誰もが知らない物語を聞いた人もまた貴重な存在である。

夫の死後まもなく世を去ったニューベリー夫人がわたしに語ってくれた逸話を思い出す。そ

図59　葬礼の花束。

れは内側に置かれていた厨子にゆったりと掛けられていた素晴らしい亜麻の覆い布についての話であった。彼女によれば、もっとも目を惹いたのは、その布の縁どり縫いと刺し方が今日と寸分も違わない方法でおこなわれていたことだったとのことである。今カイロの博物館で目にする宝石の繊細な首飾りを慎重に繋ぎ合わせたのは、ほかならぬニューベリー夫人だった。もちろん元の糸はなくなっていた。カーターがこのビーズ（数珠玉）を、発見当時のまま正確に写真に撮っておいてくれたお陰で、ニューベリー夫人はそれらを元通り繋ぎ合わせることができた。「ビーズのいくつかはあまりにも小さいため、あのエジプトの素晴らしい陽光がなければ、ビーズの穴を見つけられなかったでしょう」と語った。

ニューベリー本人がわたしに語ってくれたことがある。玄室の封印された壁の前に置かれていた花束の一つはおそらく王妃アンケセナーメンによって捧げられたものであろう、と。


さて今日、カイロを訪れ博物館に入ったときには、最初誰しもちょっぴりがっかりすることと思われる。四〇年以上［今なら九〇年以上といわなければならない］もたった後の黄金は、先にも触れたようにいささか色褪せてみえる。人によっては他の多くの観光客と連れだち、ガイドにせきたてられ博物館を大急ぎで見てまわることになってしまう方もおられよう。そんなときには、カーターが封印された前室の封印壁に開けられた小さな穴から中を覗き見し、目が光に慣れてくるにしたがって、あらゆるところに黄金の輝きが見えてきたその仰天すべき瞬間を、自分の想像力でもって追体験しようとしても、それほど易しいことではないであろう。

苦痛のうちに過ぎたここ半世紀を生きたすべての人びとのうちで、わたしがもっとも羨む人はカーターである。彼こそ、三〇〇〇年以上も闇の中に埋まっていたファラオの財宝の全栄光を目《ま》のあたりにした最初の人だからである。

図60　宝庫の最奥の部分。

第10章　どうしてそれは起きたのか

答えなければならない重要な問題が一つ残っている。王家の谷に三十以上もあるファラオの墓のうち、いったいなぜツタンカーメンの墓だけが二〇世紀にいたるまで手つかずで生き残ったのであろうか。大いに信じられることは、ひとえにハワード・カーターの忍耐と粘りにもとづくものだという説である。彼は後援者《パトロン》が谷における発掘を断念しようとしたまさにそのときでさえ、あの後援者《パトロン》を説き伏せ、もう一シーズンだけ発掘できるよう財政支援を請うたのである。その場所はまだ完全には調査が終わっていないラメセス六世の墓のちかくにある三角形のわずかな面積の土地であった。

ところがこのことが大きく幸いしたのである。他のすべての王墓はかなり古い時代に盗掘されていたにもかかわらず、なぜツタンカーメンの墓だけが残されたのであろうか、あるいは見過ごされたのであろうかという問いに、まず答えられることは、実際にはこの王墓が、セティ一世やラメセス二世といった強力な王の墓に比べてかなり小さかったということである。しかし特にテーバイの断崖の東側にある貴族や高官のすべての墓は、規模もツタンカーメンの墓より小さいものだったにもかかわらず、数千年も前に片っ端しから盗掘されているのだ。

いや、もっと別に説明の仕方があるにちがいない。というより、あれこれいくつもの説明があるにちがいないというべきであろう。わたしが注目する鍵は、ツタンカーメンがいわゆる異端王アメンヘテプ四世と近親関係にあるという事実にある。アメンヘテプ［アメンは満足するという意］はみずから名前をアクエンアテン（アテンに貢献する者）に変更した王である。アテンとはアクエンアテンが信仰する神で、それはこの神の意図を示す、光線を放下する太陽円盤で表象されている。その神はエジプトの多くの神々にとって代わる唯一神で、あらゆる人が崇拝しなければならないとされた。アクエンアテンはとりわけ神々の王アメン・ラー（図61）を嫌った。アメン・ラー崇拝の中心はテーベにあるからという、ただそれだけの理由で、この理想を追い求めるファラオは、首都をテーべと現在のカイロのちょうど中間にある処女地に移したのである。そこへ行けば、彼が短期間住んだ町、デル・エル＝アマルナと呼ばれた町の廃墟をいまでも見ることができ、またその東方の断崖に掘りこまれた彼の高官たちの墓も目にす

図61　神々の王アメン・ラー。

ることができると思われる。これらの墓のすべてに唯一神アテンの象徴を見るであろう。それはツタンカーメンの玉座の背もたれに見るものとまったく同じものである。

このアクエンアテンの妃が、あの美しいネフェルトイティである。彼女のかの有名な胸像（図63）は、デル・エル＝アマルナでドイツの考古学者によって発見されたものであるが、すべてのエジプトの頭部彫刻のうちでもおそらくもっともよく知られているものであろう。もともとトゥトアンクアテンと呼ばれていたツタンカーメンは、彼女の息子であったかもしれないし、あるいは、夫アクエンアテンが別の妻（古代エジプトにおいては王が側室のほかに数人の妃をもつことが許されていた）との間にもうけた息子であったのかもしれないのである。トゥトアンクアテンは、幼少のころは生みの母によって育てられたにちがいない。彼の墳墓にあったいくつかの家具類は、疑いなくもともとアクエンアテンの王宮にあったものであろう。そこ

図62　ツタンカーメンの父アクエンアテン。

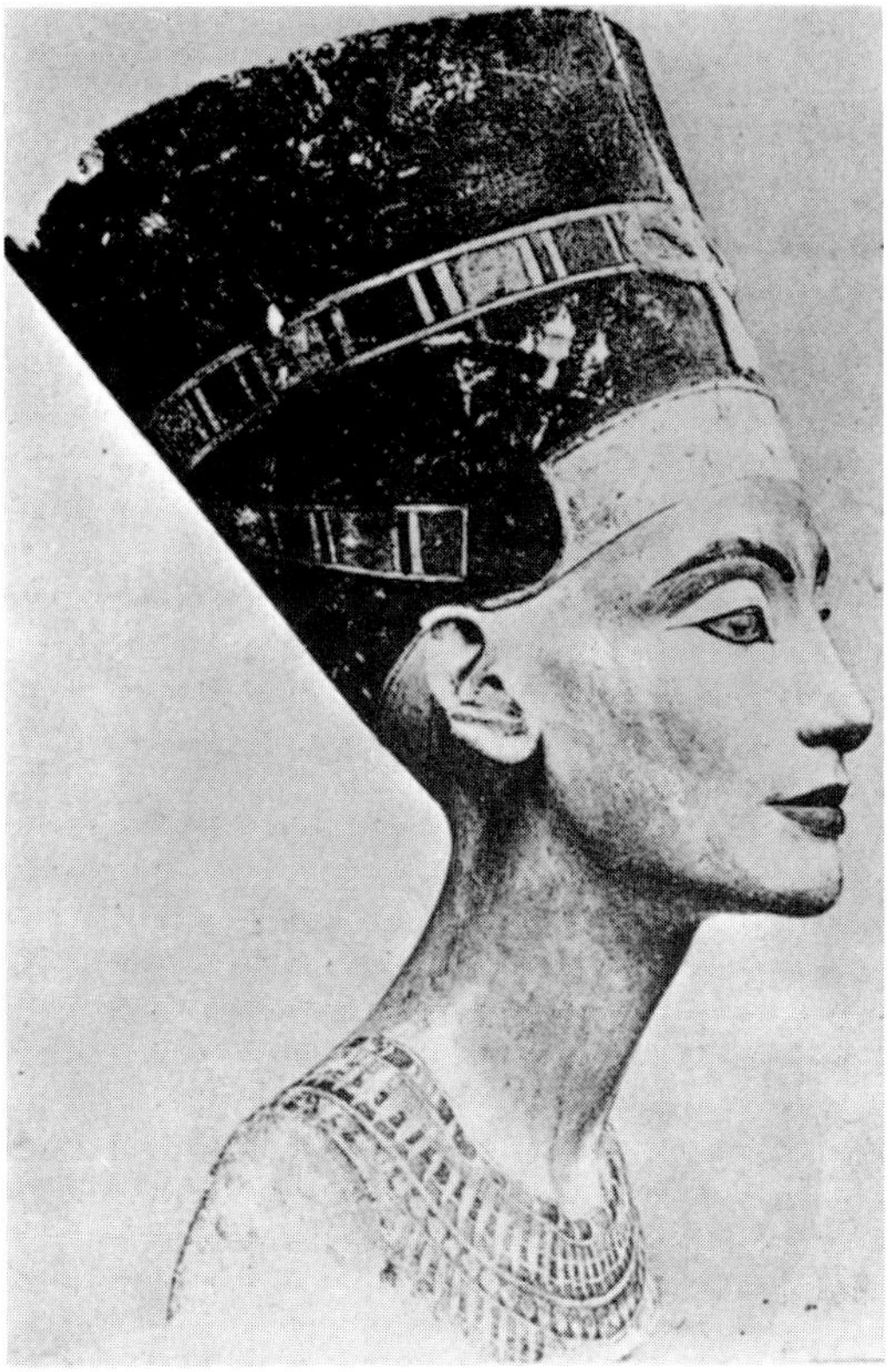

図63　アクエンアテンの妃ネフェルトイティ。ツタンカーメンの母であったかもしれない。

ではトゥトアンクアテンの幼い王妃もまた、アテン信仰を教えこまれたのである。彼女の元の名はアンクエスエンパアテンであった。

アクエンアテンが世を去ると、宮廷はテーベへと戻される。アクエンアテンが自分の治世の終わりごろ、テーベの古い神アメンの神官たちとの和解をはかろうとして、息子の一人スメンクカーラーを送り、トゥトアンクアテン（彼はまだそう呼ばれていた）とその妻に協力させたという可能性も充分あると思われる。もう一つ考えられることは、もっとも敬虔なアテンの信奉者はネフェルトイティであってアクエンアテンではなかったということである。彼女はトゥトアンクアテンを養育し、慈しみ、彼女の夫はスメンクカーラーに愛情を注いだというわけだ。スメンクカーラーはトゥトアンクアテンの兄弟か、さもなくば異母兄弟であったと思われる。

この時代は全体がよくみえない。第十八王朝（前一五五〇～一二九五）の衰亡の時期にいったいなにが起こっていたのか、はっきりいえる者は誰もいない。おおまかな印象でいえば、王家の子息ともなればホルエムヘブ将軍や、ずいぶん年長の政治家、アイといった野心に満ちた政略家の繰り広げる政治的な勢力争いに巻きこまれずにはいられなかったであろう、ということだ。二人とも最後にはファラオとなり、常なることであったが、王の遺妃たちと結婚したのである。これこそファラオから後継のファラオへと権力を移譲する仕方であった。ファラオになるには、先王の妃か、先王の娘と結婚するのが通例であったのである。兄弟が姉妹（異母姉妹）と結婚するのもおそらく、権力の継承を王家の中にとどめるという理由からであったのであろう。

確実にいえることは、若いトゥトアンクアテン（アテン神の現《うつ》し身）が自分の名をトゥトアンクアメン（アメン神の生ける姿）、つまりツタンカーメンに、妃アンクエスエンパアテンもアンクエスエンアメン（アメンのために生きる女性）、つまりアンケセナーメンに変えたということだ。かくして前者も後者もその名に古きテーベの神の名アメンをそれぞれ添えることとなった。ついにアメンが勝利したのだ。憎まれた異端の王アクエンアテンが死去すると、古い宗教がテーベで復活したのである。異端王へのあからさまな非難が起こり、王の記念碑からその名が抹消された。

そのような時代、若いツタンカーメンとその妻の置かれた状況を想像してみていただきたい。彼らは、まだ子どもの域を出るか出ないかの歳でありながら、王と王妃として然るべき崇敬を受けたが、同時に、なんとしても権力を自分に引き寄せようと策動する年上の野心家たちに取り囲まれているということを常に気づかされもしたのである。若い二人が公的には新しい宗教を棄て、古い信仰を迎え入れたということは事実であるが、それでも彼らは不人気だった王朝の一員であったこともまた明らかであった。しかもわたしたちはアクエンアテンが頭蓋と手足

図64　二輪戦車のひとつで現在カイロ博物館に陳列されている。

の変形を引き起こす病に罹っていたことを知っているが、ツタンカーメンもまた健康には恵まれていなかったといってさしつかえない。幾世代にもわたる近親婚、兄弟・姉妹婚が王族を弱めていたのである。そして王朝はほとんどその末期にさしかかっていたとさえいえる。

葬礼の家具は、墓の彼方の世界へと旅する王の遺体につき添わすべく、若かった彼らの短い生涯の間に調えられたものである。金箔の厨子、人型棺、寝台、小箱といった家具は万一のときに備え、アメン神殿の貯蔵室に保管されていた。ところが、奇妙なことにツタンカーメンの墓で発見された遺物の中に、もともと彼の異母兄弟（あるいは兄弟）のスメンクカーラーのためのものと思われるもの（たとえば複数の厨子）が混じっていたのである。このことは王のカルトゥーシュ（ファラオの名を囲む平たい長円形）が改ざんされていたことからわかる。

スメンクカーラーはファラオとしてツタンカーメンに先立ってほんの数年統治にあたった。幾人かの専門家は、いわゆる「ティイ（アクエンアテンの母）の墓」で発見された若い男の遺体が、この若いファラオのものであると考えている。最近では別の専門家たちが、さらに推理を進め、その遺体は異端王アクエンアテンその人のものだといい、王がこうむった病ゆえに、骨が正常に成長しなかったため、一見その遺体は若い男の遺体のように見えはするが、実際は四十歳の男のものとみることもできる、と指摘した。さてわたしたちにはどちらがどうなのかよくわからない。それこそまさにミステリーそのものなのだ。

図65　最奥にある宝庫の入り口。担ぎ棒つきの木製厨子に坐す西方の主アヌビスがみえる。

もう一度ツタンカーメンの墓に立ち戻り、この墓が三〇〇〇年ものあいだ手つかずのまま残った訳をたずねよう。あらゆる点で一致している事実は、この墓がもともとはファラオのために造られたものではなかったということである。まずその第一は、トトメス三世、アメンヘテプ二世、ラメセス二世、それにセティ一世といった第一八王朝歴代の王の墓に比べこの墓がきわめて小さいということである。おそらくこの墓はある特権的な貴族の埋葬用にしつらえられたものではないだろうか。この人は王族と関係があったのであろう。だから王家の谷に葬られる格別の名誉が許されたのだと思われる。セオドア・デイヴィスが一九〇三年に発見したイウヤとチュウヤの墓のことが、ふと心に浮かぶ。

ところでツタンカーメンの玄室の壁を彩る壁画の中心人物は、かつてアクエンアテンの側近中の側近でツタンカーメンの後見の一人であった策謀家アイである。彼はもう一つの墓をデル・エル＝アマルナに用意していた。彼こそ後にツタンカーメンの遺妃アンケセナーメンと結婚し、みずからファラオとなる男である。この大して見栄えもしない小さい墓はアイのために造られたものではないかと思いたくなる。ツタンカーメンが死去したとき、ファラオとなったアイは、自分自身のために造ったこの小さな墓に少年王を埋葬し、自分自身の遺体を納める墓はもっと大きなものを準備させたのである。彼の墓は西谷のアメンヘテプ三世の墓から遠からぬところに実在する。しかし、一般の人は普通そこへは近づくことができない。

以上の事情こそ、ツタンカーメンの比較的小さな墓が、もっと遥かに大きな埋葬室を予定して準備された財宝で埋めつくされた、そのわけを説き明かしてくれているように思える。たとえば玄室に納められた四つの金箔の厨子のもっとも外側の厨子は、天井と壁にほとんど触れていることを思い浮かべていただきたい。前室と付属室は天井まで驚嘆すべきもので埋めつくされていた。王の戦車類は狭い部屋に納めるためばらばらにのこぎりで切り分けられねばならなかった。王命によって、三つの人型棺、一つの石棺および四つの厨子を納めるのに予定された空間の半分よりも小さなところへ詰めこむことを余儀なくさせられた職人たちが、あの豊かな古代エジプトの富を呪ったことは容易に想像できよう。彼らが、カーターが目《ま》のあたりにしたように、厨子をふさわしくない方法で設置したわけがわかるというものである。

このことについて書かれた記録はなに一つない。わたしたちは手がかりを追い求める探偵よろしく物質的な証拠から、ありうる事実を推論しているにすぎない。さて次に何が起きたのであろうか。墓のあった場所が古代の墓泥棒たちにはよく知られていたことは明らかだ。彼らはこれまで見てきたように、一度ならず墓に入った形跡があり、彼らが、玄室に入りこんだことも明らかである。封印された玄室の壁の一番下のところに開けられた穴がそのなによりの証拠である。しかし、その穴から察するに、ほんのわずかなものしかもち出すことはできなかったはずである。したがって、ファラオの埋葬物は人の手で汚されることなく残ったというわけだ。

当時、王墓の守衛たちがことのほか用心深かったことも明らかだ。彼らは盗賊たちにわずかなものしか運び出させなかったことからもそれがわかるし、また盗みをある段階で中断させていたこともわかる。というのも盗賊の一人が急いで布切れに包んだと思われる数個の金の指輪が、床の上に置き去りにされていたからである。さもなければ、彼は現行犯で捕らえられ、盗品は墓に戻されたのであろう。

入り口の壁がふたたび封印される前に（これが以後三〇〇〇年間閉ざされる最後の封印となる）、ネクロポリスを管理する神官たちは急ぎ墓の「あとかたづけをした」が、遺物をきちんと元の衣装箱や櫃《ひつ》に戻すことを面倒がり、やりおおせなかったと思われる。

こう考えれば、カーターとカーナヴォンがこの岩窟墓に初めて入ったとき、彼らを迎えた乱れた光景も、また壁に墓泥棒によって開けられた穴から、覗き見られた別室の乱雑な状態も理解できよう。そこにはあらゆる貴重な品々が、盗賊たちが残して去ったまま、あちらこちらに放り出されていたし、おそらく盗賊の一人のものと思われる足跡までもはっきりと矢箱の上に残されていた。

さて次は、少女王妃アンケセナーメンにはなにが起こったか、である。彼女が当時六〇代と思われる一人の男、アイと結婚したということ以外はなにも知られていない。ところが現在のトルコのハットゥシャ（ボアズ・キョイ）で、ヒッタイト［紀元前一〇〇〇年頃小アジア・シリアに帝国を築いた古代民族］の王都の公文書保管庫に保存されていた驚くべき内容の通信文が発見されたのである。ヒッタイト人は強力な民族で、小アジアの高地に君臨した歴代の王の統率のもとにあった。ときどき彼らはシリアにいた古代エジプト人と争いを起こしていた。エジプト人は彼らの記念碑にこの敵のことを「いまわしいヘタ」（ハッティすなわちヒッタイト）と記している。しかし後年に至って両帝国は同盟を結んだ。

図66　楔形文字が刻記されている焼成粘土板。

六〇年ほど前［いまから一一〇年ほど前］になるが、ヴィンクラーという名のドイツの考古学者がハットゥシャを発掘し、古代バビロニアの楔形文字が刻まれた大量の焼成粘土板を発見した。これらの王室公文書保管庫から、知られざるエジプト王妃からヒッタイト王シュピルリウマに宛てた一連の書簡が出土したのである。シュピルリウマ王は、ツタンカーメンがまだ統治しているころ、エジプトのシリア植民地の境界にまで軍隊を進めたことで知られる王である。

これらの粘土板（ヒッタイト人は紙を保有していなかったので、書簡には焼成粘土板を用いた）の中に実はこのシュピルリウマに宛てた書簡があったのである。最初の書簡にはこう記されていた。「わたしの夫は亡くなりました。わたしには子どももいません。ところで聞くところによりますとあなた様には多くのご子息がいらっしゃるとのことです。もしご子息の一人をいただけますならば、彼をわたしの夫としてお迎えします。けっして臣下の一人とすることはせず、わたしの夫といたします。わたしはたいへんに恐れているのです…」

「わたしはたいへんに恐れている」、こんな表現は、この書簡が政治経験を積んだ熟達した女性からのものではなく、怖れを抱く幼い少女からのものという印象を与える。

わたしたちはこの未知の王妃がいったい誰であるのかもまだ知らないし、書簡の確実な日付についても裏づけができているわけではない。ハットウシャの同じ一連の書簡の中から発見されたその後の一通の書簡は、シュピリウマ王からの、今では失われてしまっている返信に対して記されたものであることは明らかである。その内容からすると、用心深いこのヒッタイトの君主は、先のエジプト王妃の訴えが真実であるかどうか疑わしく思っていたようなふしがうかがえる。こちらの書簡では、女王はすこし怒りをこめて答えている。「どうしてわたしたちが

図67　最奥の宝庫の内部。

あなた様を欺こうとしているなどとおっしゃるのでしょうか。もしわたしに息子がいたならば、わたしが外つ国《とくに》の方にわたしの思い悩み、国の難渋など公言いたしますでしょうか。あなた様は次のようにわたしを侮辱なさいました…わたしの夫は亡くなったのです。わたしには子どももいません。わたしはご子息を臣下の一人とせず、彼と結婚いたします。わたしはあなた様以外の方に書簡を送ったことはございません。皆が申しますには、あなた様はご子息を多くおもちとか、その中の一人をいただきたいのです。そしてその方にわたしの夫となっていただきたいのです」

カーターと同じように優れた考古学者は、みな用心深いのであろう。彼らは歴史家がするように日付のわかった書かれた記録を扱うのではなく、ときには、日付を知る手がかりとなる有形の遺物を扱うのだが、この場合のようにときとして、書かれた記録を掘り起こすこともあるのだ。しかしここでもまた、そこに名前や日付けが記されていないとすれば、それらをもって特定の人物に帰するのは慎重であらねばならない。ヒッタイトの文庫より出土したもう一通の書簡には、亡くなった王の名は「ダクアモン」と記されている。「ダクアモン」がツタンカーメンであることは充分考えられる。巧みな探偵がやるように、思案し推理を進めることは許されよう。これまでに分かったすべての事実からすると、この知られざる王妃はツタンカーメンの遺妃、アンケセナーメンを指すとすることもできる。先の書簡が記されたのは、おそらく彼女がまだ一六歳ごろのときであったと思われる。

では、どうしてこのことが真実だと請け合うことができるのだろうか。その理由の第一は、時期がぴったり合うということである。第二の理由は、古代エジプトにおける王家の継承は常に女系を通しておこなわれることをわたしたちは、はっきりと知っているからである。ファラオの女子相続人が誰と結婚しようと、遺されたファラオの妃か、妃が亡くなればその娘がファ

図68　王の弓のひとつ。

ラオになり、エジプトを支配することができるのである。第三の理由は、ツタンカーメンの墓にあった二体の死生児の存在からわかったのであるが、少女王妃は王の子を産もうとしていたが、みな早産か死産であったということである。ツタンカーメンの子をもし彼女がもうけ、その子のうちの誰かが生きのびていたとすれば、ほぼ確実に彼らのことは記録に遺されたことであろう。わたしたちがいまだ知りえないことは、ファラオの遺体がナトロン（防腐液）の中に浸され、埋葬の準備が進められていたおよそ一〇〇日の間になにが起きたかである。アイは六十歳を超えていた。アンケセナーメンはおそらくまだ十六歳か十七歳そこそこであったと思われる。その彼女が果たしてアイとの結婚を望んだのであろうか。ほぼありえないことである。しかし彼女は、巧言の宮廷人たちや野心にあふれた雄弁な政略家たちに囲まれていたからこそなおさらのこと、彼女に結婚を強いることが誰もできないのは、夫が埋葬されるまでのほんのわずかな時期であるということを強く意識していたはずである。だとすれば、「多くのご子息をおもち…」という手紙を書き（あの書簡を送ったのは、アンケセナーメンだとしての話であるが）、ヒッタイト王に助けの手を差し伸べてほしいと頼んだのは彼女にちがいないと考える方が自然ではないであろうか。

その期間だけが彼女の最後の機会であった。彼女は非常に若く、おそらく美しくもあったろう。そして書簡の中でも吐露したように「たいへん怖れて」もいたのである。わたし自身は次のように考えている。もし事実アンケセナーメンが王家の誇りと哀願の入り混じったあの切迫した書簡を送ったのだとすれば、彼女は歴史に残るもっとも勇敢な女性の一人であると。探知されないでこれらの書簡をヒッタイト王に届けるには、素晴らしい外交の機微に通じた技が必要であり彼女はそれを発揮したにちがいないからだ。繰り返しになるが、それは彼女が受けるかもしれない（事実受けることとなったが）「無視」の危険を冒すことでもあったからである。しかし彼女は挑発するかのように書いている。「わたしは臣下の一人などにけっしていたしません。わたしの夫にいたします」と。このとき彼女の脳裏にあったのはまさに一人の「臣下」、野心満々の六十歳の老獪な策士アイであったとわたしは確信している。

ああなんと悲しいことか。彼女の賭けは失敗に終わる。ヒッタイト王が息子の一人を送ったかどうかは知るよしもない。わたしたちが知っていることはただ、ついにツタンカーメンが儀

図69　ラメセス6世の墓へ通ずる大きな入り口とそのすぐ下にあるツタンカーメンの墓のこじんまりした入り口。

式にのっとって確かに埋葬されたという事実である。聖なる豹皮を身にまとい葬礼をとり仕切ったのは、玄室の壁にその姿を見ることができるアイであり、その彼がのちにアンケセナーメンの夫となったのである。ツタンカーメンの遺された妻の消息についてはもうこれ以上は知るすべもない。

まもなくして、新しく力強い第十九王朝（前一二九五〜一一八六）が先の古い王朝にとって代わる。この時代のファラオはセティ一世、ラメセス二世、そのほかといった面々である。彼らはいずれも戦士であり、幾分かではあるが、アクエンアテンと彼の短命な後継者たちによって失われた帝国を奪い返した。異端王の名が彼の記念碑から消し去られ、彼の後継者たちもまた疎んぜられるようになるのは、この時代であったと思われる。おそらく彼らの埋葬記録すらも隠滅されたのであろう。だとしたら、わたしたちが知るすべなどあろうはずもない。

ツタンカーメンの墓に盗みに入ろうとした試みは、数度はあった。わたしたちはその確たる証拠をもっている。しかしいずれの試みも埋葬直後の数年以内におこなわれている。その頃はまだ墓のあるところが知られていたからであろう。それにしてもなぜその場所についての知見が瞬くまに忘れ去られてしまったのであろうか。考えうる理由としては、あの不人気な支配者たち、アクエンアテンの相続者と後継者たちの公的な記録が手あたり次第抹殺されてしまったからであろうと思われる。しかしこれらのことの後にも幸運なことは起こった。その数世代後、

図70　ツタンカーメンの墓とその周辺の王墓。
Ⅰ-ラメセス10世、Ⅱ-セティ1世、Ⅲ-ラメセス1世、Ⅳ-アメンメセス、Ⅴ-ラメセス3世、Ⅵ-女王ティイ、Ⅶ-ツタンカーメン、Ⅷ-ラメセス6世、Ⅸ-メルエンプタハ。

第二十王朝（前一一八六―一一〇六九）の間に、ラメセス六世の巨大で手のこんだ墓がツタンカーメンの墓のすぐ上の丘陵の斜面を切り出す形で造られることになった。そのために、職人たちが掘り出す石片が谷の傾斜面に大量に放出され、現に忘れ去られていたファラオのこじんまりした石窟墓の入り口をうまい具合に覆い隠してしまったからである。かくしてそれから実に三〇〇〇年間、ツタンカーメンの墓は石塊に埋もれ隠されたまま残ることとなったのである。ある日、イギリスの貴族の田園邸宅でカーターが地図の上の三角地帯を指さし、彼の後援者《パトロン》の注意を

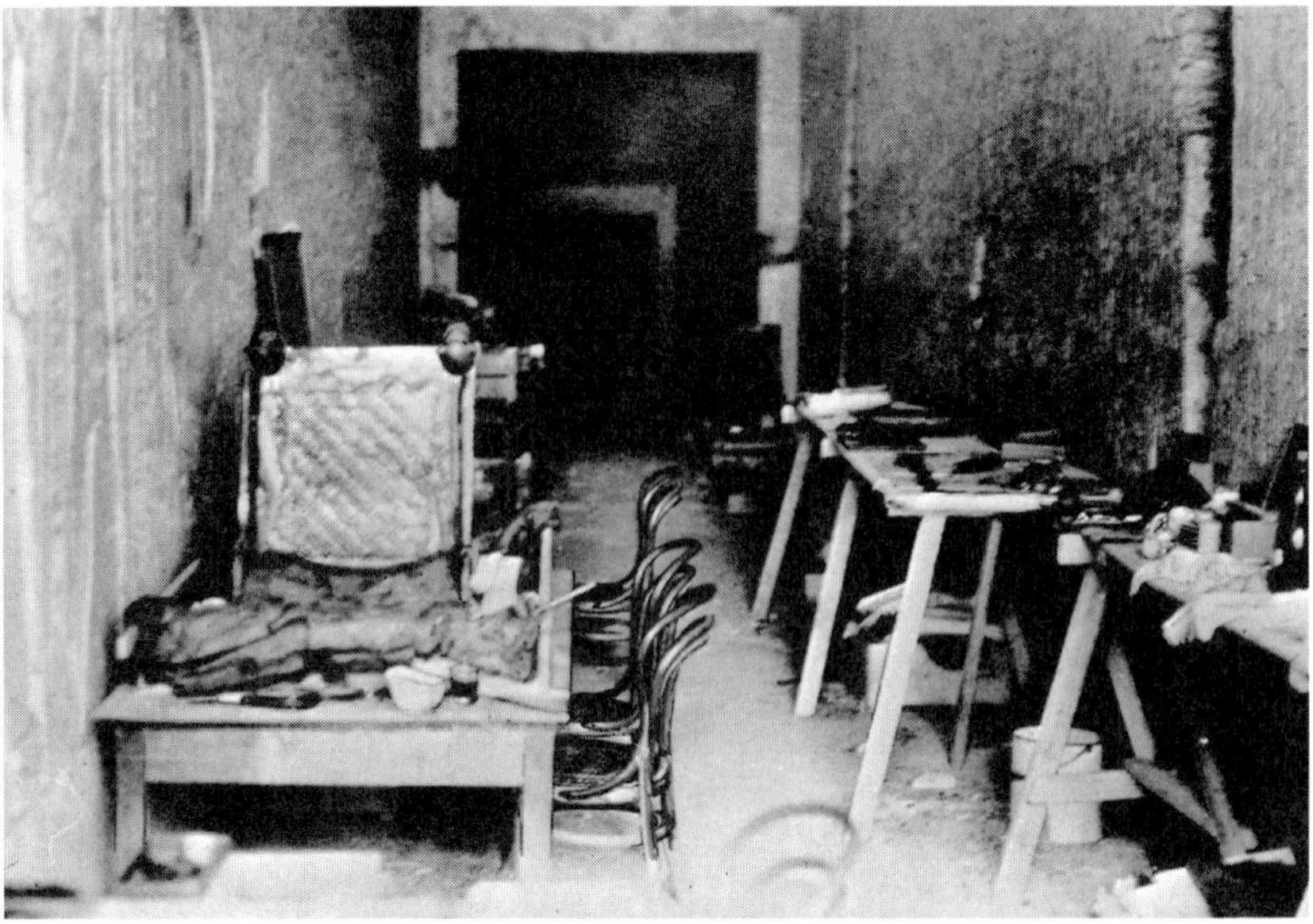

図71　仕事場として活用していたセティ２世の墓室内の模様。

惹きつつ、決然と「わたしたちはここを掘らねばなりません」というまでは。

新王国時代王名一覧

＊古代エジプト王朝（前3100-525）

新王国時代（第18王朝～20王朝）

◆第18王朝	**前1550-1295年頃**
イアフメス王	1550-1525年
アメンヘテプ1世	1525-1504年
トトメス1世	1504-1492年
トトメス2世	1492-1479年
ハトシェプスト女王	1479-1457年
トトメス3世	1479-1425年
アメンヘテプ2世	1427-1400年
トトメス4世	1400-1390年
アメンヘテプ3世	1390-1352年
アメンヘテプ4世	1352-1336年
（アクエンアテン王）	
スメンクカーラー王	1338-1336年
（ネフェルトイティ？）	
ツタンカーメン王	1336-1327年
アイ王	1327-1323年
ホルエムヘブ王	1323-1295年

◆第19王朝	前1295-1186年頃
ラメセス１世	1295-1294年
セティ１世	1294-1279年
ラメセス２世	1279-1213年
メルエンプタハ王	1213-1203年
アメンメセス王	1203-1200年
セティ２世	1200-1194年
サプハタ王	1194-1188年
タウセレト王	1188-1186年

◆第20王朝	前1186-1069年頃
セトナクト王	1186-1184年
ラメセス３世	1184-1153年
ラメセス４世	1153-1147年
ラメセス５世	1147-1143年
ラメセス６世	1143-1136年
ラメセス７世	1136-1129年
ラメセス８世	1129-1126年
ラメセス９世	1126-1108年
ラメセス10世	1108-1099年
ラメセス11世	1099-1069年

ツタンカーメン王の家系図

曾祖父　イウヤ　　　　　　——曾祖母　チュウヤ
祖父　　アメンヘテプ３世——祖母　　王妃ティィイ（チュウヤの娘）
父　　　アメンヘテプ４世————————王妃ネフェルトイティ
　　　　（アクエンアテン）
母　　　　　　　　　　　　　　　　　　妃キヤ
　　　　スメンクカーラー（ネフェルトイティの子？）
　　　　トゥトアンクアテン——王妃アンクエスエンパアテン
　　　　（トゥトアンクアメン　（アンクエスエンアテン、
　　　　＝ツタンカーメン　　　アンクエスエンアメン
　　　　＝キヤの子？）　　　　＝アンケセナーメン
　　　　　　　　　　　　　　　＝ネフェルトイティの娘）

訳者あとがき

人類共通の遺産であるツタンカーメンの遺宝を擁するカイロのエジプト博物館の前面に広がるタハリール広場に、「アラブの春」の嵐が吹きすさんでから、はや一年が過ぎ去ろうとしています。そしてエジプトの再生への歩みは、いま始まったばかりです。

「アラブの春」に先立つ七年前、第十八王朝の少年ファラオ、ツタンカーメンの王墓に納められた古代エジプトの文化の真髄ともいうべき貴重な埋葬品を中心とする「ツタンカーメン展――黄金の秘宝と少年王の真実」が、スイスのバーゼルで開催されました。その後、ボン、ニューヨーク、ロンドンなど世界の主要都市をまわり、驚異的な数の観客を惹きつけ、二〇一二年夏、東京開催（上野の森美術館）が実現しました。東京を最後にツタンカーメンの遺宝は、エジプトへと、嵐の後、いまだ模索の途上にある祖国へと帰ってゆきます。

あの優れた数々の遺宝から、さらにその歴史的意義を際立たせるに不可欠な逸品を厳選し、展覧の骨格を組み上げ、科学と考古学の協働によって謎にみちたツタンカーメンの血縁関係の解明に一石を投じたザヒ・ハワス博士も、またなお苦しみの中にあると聞いています。エジプトの再生が、ファラオたちが来世の平和を希求して墓室の壁に描かせた、あの豊かで安寧な未来へと至る道に繋がるよう願わずにはいられません。

本書はこうした機会に、「歴史的に不安定な時代」を生きたツタンカーメンをめぐるさまざまなドラマに、そしてそのドラマを繋ぐ謎の多い結び目のひとつひとつを解き明かそうと挑戦する人びとの奮闘に、深いまなざしを投じつづけた優れた考古学への案内者、レナード・コットレルの『図説ツタンカーメン発掘秘史』（原題『ツタンカーメンの秘密』、The Secrets of Tutankhamen, Evans, 1965）を翻訳したものです。彼が伝える発見当事の胸打つ新鮮な感動を、そして同時に彼が願った「考古学者になりたいと願うすべての若者へ」の、なお心に響くメッセージを伝えることができればと願っています。

発見にいたる困難、大発見にともない交錯する人間模様、ツタンカーメンの秘密に迫ることは、人間の根源の秘密を覗き見ることでもあることを、コットレルは秘《ひそ》かに語っているようにもみえます。コットレルは、古代エジプトに魅せられ、エーゲ海のミノア文明やギリシアのミュケナイ文化をこよなく愛し、数々の名作を残しました。この『ツタンカーメンの秘密』は、その中でももっとも短く、しかしそれだけに、コットレルがぶつける卒直な疑問、好奇心を駆り立てる直截かつ多彩な語りは、発見時の新鮮なときめきをわたしたちの心に届けてくれます。

事実と事実の総体を包みこむ真実との間には、大きな深淵があり、科学によるだけではその闇を照らし出すことはできません。「綿密な分析」だけが「新しい道を開く」のではなく、イメージの彼方をみつめてこそ、既存の束縛から解き放たれて、自由な思考に飛翔できるのです。すくなくとも、闇を薄明へと切り換えることができましょう。

ＢＢＣ（イギリス放送協会）のドキュメンタリー・プログラムのプロデューサーでもあったコットレルは、一九七四年に没するまで、その生涯を考古学の発掘と発見の現場に身を投じてきました。そして、そこに失われることなく、なお湧き出ずる初発のみずみずしい情感を、汲み上げつづけた人でした。彼の物語の豊かさは、この姿勢にこそあったというべきでしょう。

素晴らしいセピア色の発見当事の写真だけに飾られた本書を、かたわらに『図説黄金のツタンカーメン』（ニコラス・リーヴス、近藤二郎訳、原書房）を置いて、心ゆくまで楽しみ読んでいただきたいと思います。リーヴスの著書は一九九〇年に書かれたもので、原名『ツタンカーメンのすべて』（The Complete Tutankhamun）という題名どおり、カーター以後のエジプト考古学の成果をほぼ網羅的に取り入れており、大きな鏡のような役割を果たしてくれます。コットレルの臨場感あふれる本書と併読していただければ、それこそいつのまにか自分自身がエジプト考古学者の一端に加わり、満ち足りてふと発掘の現場に立っているかのように思えてくることでしょう。

いくども古代エジプトの展覧会に足を運んだ人も、エジプトに旅した人も、一度はこのコットレルの胸打つ語りに耳を傾けてほしいと願っています。
なおコットレルの考古学的著作と邦訳はつぎのとおりです。

＊エジプトに関するもの

The Lost Pharaohs (1950)　『失われたファラオ——エジプトの考古学ロマンス』
Life Under the Pharaohs　『古代エジプト人』（法政大学出版）
The Mountains of Pharaohs　『ピラミッドの秘密』（みすず書房）
Land of Pharaohs
Wonders of Antiquity　『古代の不思議』（紀伊国屋書店）
The Secrets of Tutankhamen　『図説ツタンカーメン発掘秘史』（原書房）

＊クレタ・ギリシアに関するもの

The Lost Cities
The Lion Gate　『エーゲ文明への道——シュリーマンとエヴァンズの発掘物語』（原書房）
The Bull of Minos

Realms of Gold

＊ローマに関するもの

Enemy of Rome　『ローマの宿敵』（翻訳中）

The Great Invasion

Seeing Roman Britain

＊考古学と文明論に関するもの

The Anvil of Civilisation

Dig and Diggers

Reading the Past

本書の出版にあたって、翻訳の思わぬ遅延などでご心配をおかけした原書房の編集者・寿田英洋さんに深くお礼申し上げます。

二〇一二年八月　猛暑の夏　暮田　愛

◆著者略歴◆

レナード・コットレル（Leonard Cottrell, 1913–1974）

1913年５月、イギリス中部の町テッテンホールに生まれる。10歳のとき、父からの影響で歴史へ興味をいだく。30年代、バイクに乗ってイギリスの田舎を旅するうちに、先史時代のストーンサークル（環状石列）や青銅器時代の遺丘を目にして、いよいよ歴史への関心をかきたてられる。

1937年に、BBC（イギリス放送協会）のために最初のドキュメンタリーを書いた。第２次世界大戦中は、イギリス空軍付きのBBC派遣通信員として地中海地域を担当した。この時の通信員としての経験が、最初の著作『人はみな隣人』（1947）に結晶する。

戦後は、BBCのドキュメンタリー・プログラムのプロデューサーとして教養番組を担当し、数々の歴史ロマンのドキュメンタリーを制作した。1951年から1953年にかけて、BBCからユネスコへの協力を依頼され、中東諸国を歴訪し、現地レポートをする。その過程で練り上げられた古代文化をめぐる壮大な「歴史紀行」シリーズの構想は、ユネスコによる世界遺産のコンセプトを先取りするもので、彼の史眼のすぐれた展望性を示すものであった。

コットレルの著作は、どの史跡もみずからの足と眼で確かめ、それを生彩のある筆致で歴史物語へと描き上げる技で、ひときわ傑出している。いずれの著作も版を重ね、各国語に翻訳されており、世界中で多くの読者を得てきていることからもそれがわかる。主要な著作のリストは、本書「訳者あとがき」に掲載されている。

◆監修者略歴◆

前田耕作（まえだ・こうさく）

1933年、三重県生まれ。名古屋大学卒業。和光大学名誉教授、アフガニスタン文化研究所所長。著書に、『巨像の風景』（中公新書）、『宗祖ゾロアスター』（ちくま学芸文庫）、『ディアナの森』（せりか書房）、『玄奘三蔵、シルクロードを行く』（岩波新書）、『アフガニスタンを想う』（明石書店）ほか、訳書にバシュラール『火の精神分析』、エリアーデ『イメージとシンボル』（以上、せりか書房）ほかがある。

◆訳者略歴◆

暮田愛（くれた・あい）

考古遺跡を訪ね、史書を追う翻訳家。オクサス学会会員。訳書に、コットレル『エーゲ文明への道——シュリーマンとエヴァンズの発掘物語』（原書房）、ステュワート・ペローン『ローマ皇帝ハドリアヌス』（河出書房新社）ほかがある。

図説《ずせつ》
ツタンカーメン発掘秘史《はっくつひし》

●

2012年 10月 15日　第 1刷

著者………レナード・コットレル
監修者………前田耕作《まえだこうさく》
訳者………暮田愛《くれたあい》
装幀………川島進（スタジオ・ギブ）
本文組版・印刷………株式会社ディグ
カバー印刷………株式会社明光社
製本………小高製本工業株式会社

発行者………成瀬雅人
発行所………株式会社原書房
〒160-0022　東京都新宿区新宿1-25-13
電話・代表 03(3354)0685
http://www.harashobo.co.jp
振替・00150-6-151594
ISBN978-4-562-04860-1

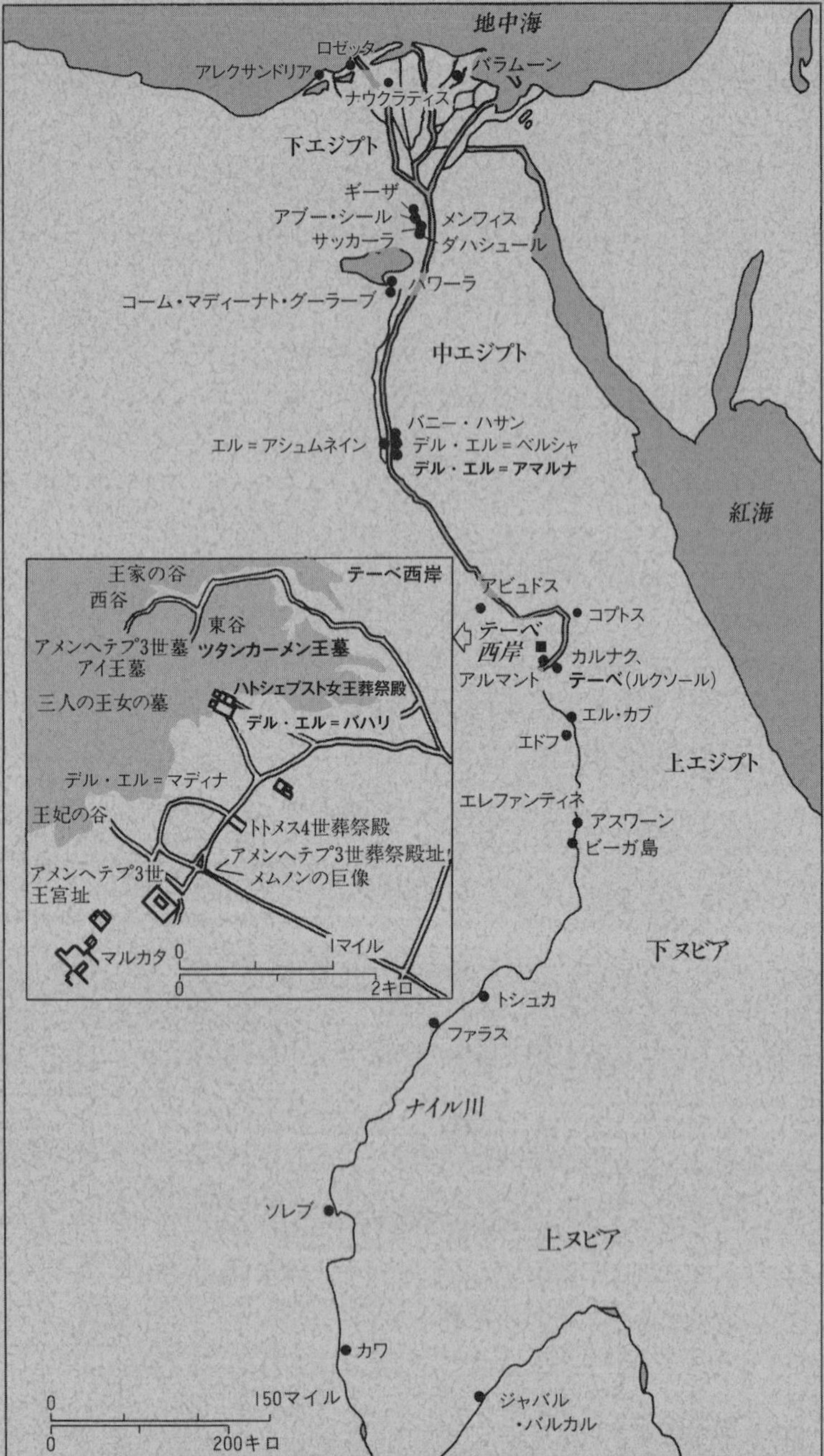

地中海
ロゼッタ
アレクサンドリア
バラムーン
ナウクラティス
下エジプト
ギーザ
アブー・シール
メンフィス
サッカーラ
ダハシュール
ハワーラ
コーム・マディーナト・グーラーブ
中エジプト
バニー・ハサン
エル＝アシュムネイン
デル・エル＝ベルシャ
デル・エル＝アマルナ
紅海
テーベ西岸
王家の谷
西谷
東谷
アメンヘテプ3世墓
ツタンカーメン王墓
アイ王墓
ハトシェプスト女王葬祭殿
三人の王女の墓
デル・エル＝バハリ
デル・エル＝マディナ
王妃の谷
トトメス4世葬祭殿
アメンヘテプ3世葬祭殿址
アメンヘテプ3世
王宮址
メムノンの巨像
マルカタ
0
1マイル
0
2キロ
アビュドス
コプトス
テーベ
西岸
カルナク、
アルマント
テーベ(ルクソール)
エル・カブ
エドフ
上エジプト
エレファンティネ
アスワーン
ビーガ島
下ヌビア
トシュカ
ファラス
ナイル川
ソレブ
上ヌビア
カワ
ジャバル
・バルカル
0
150マイル
0
200キロ